DESCRIPTIONS *DES ARTS* ET MÉTIERS.

DESCRIPTIONS
DES ARTS
ET MÉTIERS,

FAITES OU APPROUVÉES

PAR MESSIEURS

DE L'ACADÉMIE ROYALE
DES SCIENCES.

AVEC FIGURES EN TAILLE-DOUCE.

A PARIS,

Chez { SAILLANT & NYON, rue S. Jean de Beauvais;
DESAINT, rue du Foin Saint Jacques.

M. DCC. LXI.

Avec Approbation & Privilége du Roi.

ART
DU
TONNELIER.

Par M. Fougeroux de Bondaroy.

M. DCC. LXIII.

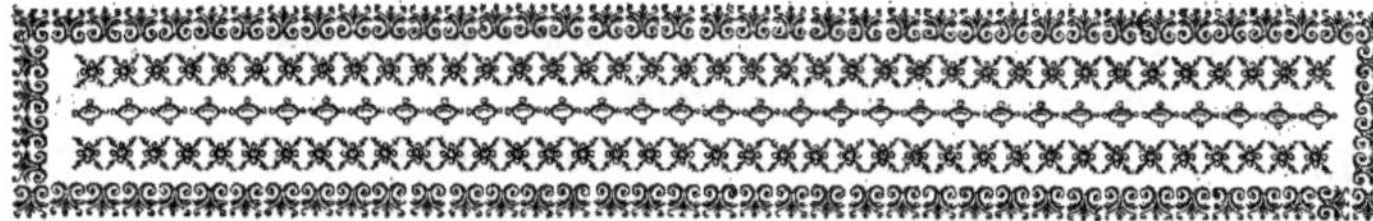

ART DU TONNELIER.

Par M. Fougeroux de Bondaroy.

Le problême que résout tous les jours le Tonnelier en construisant un tonneau, attireroit toute notre attention, si cet Art ne faisoit que de naître, & que pour la premiere fois on nous présentât une futaille au sortir des mains de l'Ouvrier. Nous admirerions sans doute quelle industrie & quel soin a dû exiger la construction d'un vase formé de plusieurs planches réunies seulement par des liens de bois, qui contient une certaine quantité de liquide *donnée*, sous une forme aisée à transporter, & la plus propre à souffrir un assez grand choc, sans permettre à la liqueur qu'il renferme de se perdre. Les calculs du Géometre échoueroient où l'habitude & presque une simple routine de l'Ouvrier réussissent assez bien.

L'Art du Tonnelier est fort ancien, & paroît être parvenu promptement au degré de perfection auquel nous le voyons aujourd'hui. Cependant il est encore inconnu dans quelques pays. Dans quelques-uns de ceux-ci où les bois sont rares, on transporte les vins dans des peaux enduites de gaudron ou de poix ; & l'usage de garder les vins dans des vases de terre, se conserve encore aujourd'hui dans quelques Provinces.

Pline donne aux Piémontois le mérite d'avoir les premiers fait usage des tonneaux. De son temps ils les enduisoient de poix (*). Livre 14. Chap. 21.

Dès l'an 70 de l'Ere chrétienne, sous *Tibere* & *Vespasien*, l'on connoissoit les moyens de fabriquer des vases de plusieurs pieces de bois, réunies par des liens. Il y a près de 1900 ans que *Varron*, *Columelle*, &c, en nous donnant des préceptes sur l'économie rurale, nous ont parlé de vases formés de plusieurs planches assemblées avec des cercles de bois. L'idée qu'ils nous en ont

(*) Quelques Auteurs prétendent que le mot *Poinçon* vient de *Piceum*, en sous-entendant *Vas*; à cause de la poix dont on les enduisoit en dedans.

laiſſée, paroît s'accorder très-bien pour la forme & les dimenſions avec les tonneaux que nous conſtruiſons aujourd'hui.

Le mot des Latins *Dolium*, qui ſignifie en notre langue *Tonneau*, s'attribuoit chez eux à de grands vaſes de terre deſtinés à mettre du vin ([a]).

Le mot *Dolare*, applanir, unir, d'où eſt venu *Dolium*, convient auſſi à nos futailles, dont les douves ou planches qui ſervent à les former, ont été dreſſées & unies avant de les aſſembler. L'outil qui ſert à les travailler, a conſervé, comme nous le dirons, le nom de *Doloire*; & le mot *Tonnelier*, en latin, *Dolarius*, a tiré ſon nom des tonnes ou tonneaux qu'il fabrique.

Les vaſes de terre n'étoient pas les ſeuls vaiſſeaux dont les Romains faiſoient uſage pour conſerver leurs vins. Il eſt conſtant qu'ils conſtruiſoient des eſpe-
Plin. Liv. 18. Ch. 3. ces de tonneaux, & de petites cuves de bois, qu'ils nommoient *Culei*. Elles contenoient environ deux muids & demi.

Les bois autrefois très-communs en France, y ont introduit de bonne heure l'art de la Tonnelerie; & depuis bien du temps, l'uſage auquel on deſtine les tonneaux, pour garder les vins & les tranſporter, nous les ont rendu comme néceſſaires. Mais peut-être la diſette des bois, qui ſe fait reſſentir de plus en plus, nous rendra-t-elle induſtrieux, (faut-il le dire) malgré nous, & nous apprendra-t-elle à trouver des moyens de diminuer conſidérablement la conſommation des tonneaux, en réduiſant leurs uſages au ſeul tranſport des vins? Elle nous forcera de conſerver ces liqueurs dans des *cîternes* ou vaſes de pierre, moins ſujets à dépérir, où le vin ſe conſerve très-bien ([b]), puiſque ces derniers moyens ſont devenus plus économiques depuis la râreté des bois, & la mauvaiſe qualité de ceux qu'on eſt ſouvent obligé d'employer à la conſtruction des tonneaux.

Le vaſe formé de pluſieurs planches ou douves réunies à côté les unes des autres, ſous la forme d'une eſpece d'ovale, dont on auroit coupé les deux extrémités raſſemblées, & retenues ſeulement par des liens de bois, qui les

([a]) Les anciens Romains déſignoient par pluſieurs noms les grands vaſes de terre dont ils ſe ſervoient pour conſerver leurs vins; & ils les conſtruiſoient, ſuivant le rapport de pluſieurs Auteurs, de pure craie, (*ſincerâ cretâ*), ſéchée au ſoleil & cuite au four. *Baccius, de naturali vinorum hiſtoriâ, de vinis Italiæ, Lib. I. Cap.* 16). Il paroît par ce que dit cet Auteur, & par différents paſſages des Latins, qu'ils fabriquoient des vaſes de terre de pluſieurs grandeurs. Les uns, & c'étoit les plus petits, ſervoient à contenir le vin dans le temps qu'on en faiſoit uſage. Les autres plus grands renfermoient le vin qu'on vouloit garder. Le plus petit vaſe ſe nommoit *Lagena*. C'étoit une grande bouteille ou un flacon. Les moyens, *Teſta, à tegendis vinis*. *Baccius* dit que ce vaſe étoit garni de cercles de fer ou de plomb, *qua & majus vaſi præſtent robur, & media ſub auriculis vaſis ferreo circulo vel plumbeo corroboretur, vel tenaci fœniculo ambiatur*. Le *Cadus*, ſuivant le rapport de *Columelle* & de *Pline*, étoit auſſi une ſorte de grand vaſe propre à mettre du vin, & dans lequel on le conſervoit. Enfin les plus grands vaſes de terre, qu'ils nommoient *Dolia*, répondoient ſans doute à nos tonneaux. Les Anciens mettoient en terre les vaſes remplis de vins, pour les y conſerver. Depuis ils ont appellé *Dolium*, un vaſe formé par pluſieurs planches retenues par des liens de bois ou cercles, & enduites intérieurement de poix, de réſine & de térébenthine.

L'*Amphora* ſervoit plutôt de meſure aux liquides, que pour y dépoſer le vin. Celle qui avoit deux anſes, s'appelloit *Diota. Horat. Lib. I. Ode* 9.

([b]) Pluſieurs Provinces, même du Royaume, font uſage des cîternes en ciment ou en pierres, pour conſerver les vins. Voyez *Scheuchzer, iter Alpinum ſecundum*, pag. 71.

Eſt id parallelepipedum merè ſaxeum 150. *circiter amphorarum capax, in tria diſtincta conceptacula diviſum (pro triplici vinorum genere recondendo), quæ ſingula* 5 *pedes ſunt lata*, 7 *longa, totidemque alta; omnia vinum conſervant optimè, nec ullo alieno ſapore imbuunt, &c.*

empêchent de se séparer, se nomme *Tonne*, *Tonneau*, *Fût*, *Futaille*, *Piece*, *Poinçon*, *Barrique*, &c.

Outre les tonneaux, pieces, fûts ou futailles, dans lesquels on conserve le vin, ou qui servent à le transporter, ainsi que ceux dont on fait usage pour renfermer l'eau qu'on embarque dans les Vaisseaux, qu'on nomme plus communément *Piece* & *Barique*, les Tonneliers construisent encore des vases de différentes grandeurs & formes.

Ce sont eux qui font les *Pipes*, *Pieces* ou *Bottes*, dans lesquelles on transporte l'huile & l'eau-de-vie, & qui contiennent jusqu'à 32 *Veltes*, ou 90 à 95 *Septiers*, & par conséquent 720 à 760 pintes: (8 pintes font un septier). Le sucre, divers poissons de mer salés, comme Hareng, Morue, Thon, Sardines, Anchois, &c, nous parviennent ordinairement dans des *Barrils*, dont les dimensions ne sont pas réglées. On a donné le nom de *Caque* à quelques-uns de ces barrils. On conserve dans de petits barrils le vinaigre, le verjus; & dans de plus petits encore, la Moutarde, les Olives, &c.

La poudre à tirer qu'on transporte, & celle qu'on embarque, se met aussi dans de petits barrils. Le barril plein de poudre est ordinairement du poids de cent livres.

Les Tonneliers construisent les *Cuves* pour les Teinturiers. Ceux de bon teint déposent leurs étoffes dans des cuves de bois, pour les y préparer à recevoir la teinture, & les y *mettre au bain*. C'est dans des chaudieres qu'ils font prendre ensuite à ces étoffes préparées la couleur convenable.

Les Tonneliers font les cuves dans lesquelles on dépose le raisin aussi-tôt qu'il est coupé, & où le vin se fait & séjourne jusqu'à ce qu'il soit en état d'être tiré; les cuviers où se coulent les lessives pour blanchir le linge; les *demi-futailles* qui servent aux *Salpétriers* à couler les lessives des platras pour en retirer le nitre (on les nomme aussi *Cuviers*); les *Tinettes* où l'on dépose le beurre salé & le beurre fondu; les *Saunieres* où l'on réserve le sel dont on fait usage journellement; les *Brocs*, *Sceaux*, *Seilles*, *Barattes*, *Bidons*, &c; & généralement tout vase construit de plusieurs planches assemblées & réunies par des liens de bois, de fer ou de cuivre, ressortit du Tonnelier.

Ce sont encore eux qui, dans certains Ports de mer, sont chargés de faire les *bouées*, quand elles sont construites avec des planches jointes ensemble sous la forme d'un cône tronqué, ou d'un barrillet que l'on *calfate*, & que l'on *gaudronne*.

Sans entrer dans de grands détails sur la fabrique de ces différents ouvrages qui appartiennent au Tonnelier, nous croirons avoir rempli notre objet, en nous étendant spécialement sur la construction des tonneaux. Il sera aisé de faire l'application de ce que nous en aurons dit, aux autres vaisseaux que les Tonneliers construisent toujours en moindre quantité.

Les tonneaux, pieces, fûts, futailles, &c, contiennent plus ou moins de liqueur, ſuivant leurs dimenſions; & le nom devroit indiquer cette quantité de liqueur qui eſt fixée ſuivant l'uſage du pays.

La barrique, la piece ou le poinçon, doit contenir 240 pintes de Paris : il faut deux pieces pour faire ce qu'on appelle à Orléans le *Tonneau.*

La piece remplie de vin peſe 500 livres, & le tonneau par conſéquent un millier.

On diviſe encore la piece en deux parties, qu'on nomme *Quarts.*

Le quart contient 120 pintes.

Le demi-quart, 60 pintes.

Et le barril, 20 pintes.

Il ſeroit difficile de ſpécifier préciſément les différentes dimenſions qu'on donne aux pieces, & la quantité de liquide que chacune doit contenir. Elles varient ſuivant les pays; & les mêmes noms, dans quelques-uns, ſignifient un vaſe différent que dans d'autres.

Proportions des Futailles.

Voici les dimenſions du tonneau, de la piece ou poinçon, du quart, du demi-quart & du barril, qui ſont ceux dont on fait le plus d'uſage à Paris.

	LONGUEUR.	DIAMETRE DU FOND.	CONTIENT.
La Piece de 4 Barriques, ou le Tonneau.	4 pieds, 3 pouces.	3 pieds, 2 pouces.	448 Pots.
de 3.	4.	2 . . . 10	336.
de 2.	3 . . . . 9	2 . . . 6	224.
La Barrique ou le Poinçon. . . .	30 *ou* 31	2 . . . 2	112.
Le Tierçon.	2 . . . . 6	1 . . . $5\frac{1}{2}$	56.
Le Barril.	1 . . . . 8	0 . . . $8\frac{1}{2}$	14.

Le pot contient deux grandes pintes de Paris, & un peu plus de deux pintes ordinaires.

Le Tonnelier a donné différents noms à chaque partie du tonneau, qu'il faut connoître avant de le ſuivre dans ſon travail.

Nous avons cru devoir expliquer dans un Vocabulaire les principaux termes propres à cet Art, pour ne point être obligés de nous interrompre en traitant des différentes parties du tonneau, de leur conſtruction & uſage. Nous invitons les Lecteurs à le conſulter, avant de faire la lecture de cette Deſcription, ou ſeulement lorſqu'il en aura beſoin, pour s'aſſurer de la vraie ſignification d'un mot propre à cet Art.

Le merrain ſert à former les douves que l'on emploie dans la conſtruction des tonneaux, pieces, fûts ou futailles.

De la figure des *Douves* dépend celle que prend le tonneau, qui n'eſt formé que par leur réunion. Ces douves maintenues par des cercles, forment ce qu'on nomme un *Tonneau monté.*

Pour prendre l'idée la plus juſte que nous puiſſions donner d'un tonneau, on on peut le regarder comme formé par deux cônes tronqués, dont les bases seroient réunies dans la partie moyenne du tonneau. Ces cônes sont cependant encore irréguliers; car ils sont chacun formés de lignes courbes qui forment une espece de conoïde. La partie qui, le tonneau coupé, offriroit un plus grand diametre, & qui se trouveroit la plus renflée de la piece, se nomme le *Ventre du Tonneau*, ou le *Bouge*.

Quand le tonneau est monté & retenu par quelques cercles, c'est sur le bouge ou la partie la plus renflée de la piece, que l'on pratique une ouverture à égale distance de ses extrémités. On la nomme *trou du Bondon*. Le *Bondon* est le bouchon de liege ou de bois, qui sert à tenir fermée cette ouverture, quand on n'en fait aucun usage.

Le *Traversin* sert à former les fonds du tonneau. Un fond est composé de plusieurs planches, & chaque partie du fond prend un nom différent, suivant sa forme & la place qu'elle occupe.

Ces pieces qui composent le fond, entrent dans une feuillure qu'on appelle *Jable*. Les deux extrémités de la piece, depuis le bord des douves ou la circonférence de chaque bout du tonneau jusqu'au fond, portent aussi le même nom.

Les Tonneliers vendent les tonneaux garnis seulement de leur fond & de quelques cercles. Quelques mois après que le tonneau est rempli de liqueur, quand il est destiné à être transporté, le Tonnelier vient le *barrer*, le *sommager*, & ôter le *trop-fond*, ou le *rentaluer*.

Le terme de *Barrer* signifie ajouter, pour retenir chaque fond du tonneau, une traverse placée dans un sens opposé à la direction des planches du fond. On la nomme *Barre*. Elle est assujettie par le moyen de plusieurs *Chevilles*.

Le mot *Sommager* s'entend de deux cercles doubles qu'on appelle *Sommiers*, que le Tonnelier ajoute au tonneau pour lui donner plus de force, & souffrir les chocs qu'il peut essuyer en le transportant ou le roulant. Nous entrerons dans un plus grand détail sur ces termes, & les autres propres à l'Art de la Tonnellerie. Mais nous avons cru devoir aider ici à l'intelligence de ces noms, qui nous auroient arrêtés en décrivant la construction de certaines parties, & sur lesquelles il est bon d'avoir des connoissances générales, avant que nous en donnions de plus particulieres.

Le Tonnelier est obligé de se procurer plusieurs outils qui sont nécessaires à son Art. Les outils sont le *Rabot*, la *Colombe*, la *Pleine* ou *Plane*, la *Seille à tailler* ou le *Chevalet*, la *Selle à Rogner*, le *Charpi* ou le *Tronchet*, la *Doloire*, la *Tire* ou le *Tirtoir* pour les cercles, la *Vrille à barrer* ou le *Barroir*, la *Scie* ou le *Feuillet à tourner*, la *Scie à main*, l'*Asseau*, l'*Assette*, le *Tire-fond*, le *Cochoir*, le *Compas*, *l'Utinet* pour les tonneaux, celui pour les cuves, la *Bondonniere*, le *Sergent*, l'*Etanchoir*, le *Batissoir*, le *Jabloir* pour les tonneaux, celui pour les cuves, les *Maillets*, les *Chassoirs*, le *Coutre* & sa *Mailloche*, le *Foret*, le *Perçoir* & la *Vrille*.

Avant de décrire l'emploi que fait le Tonnelier de ces outils, nous invitons aussi le Lecteur à jetter les yeux sur la description des figures, pour y prendre une juste idée de leur forme, & se familiariser avec les outils propres à ce Métier. Nous y sommes entrés dans les détails nécessaires pour les faire connoître, & aider à suivre ce que nous allons rapporter sur l'Art du Tonnelier. Nous avons cru devoir préférer cet ordre, pour ne pas joindre à nos descriptions des détails d'outils, qui ne feroient que faire perdre de vue notre but principal, qui se bornera pour lors à exposer l'usage que fait de ces outils l'Ouvrier qui construit des tonneaux.

On trouvera peut-être que nous nous sommes trop étendus en décrivant les outils du Tonnelier, & que nous avons donné une longue explication des desseins que nous en avons faits; mais le Lecteur se rappellera que nous avons séparé la description des outils, de leurs usages, pour qu'il pût s'épargner l'ennui de les lire, s'il peut s'en passer, & si la seule inspection de la figure lui suffit pour deviner l'emploi de chaque outil. Ceux qui auront besoin d'avoir recours à leurs explications, nous feront peut-être un reproche tout différent.

La plupart des outils du Tonnelier, dont différentes parties sont en fer, s'achetent chez les Taillandiers. Les Tonneliers les montent ensuite, & les emmanchent comme il leur convient, en leur donnant la forme la plus propre aux usages auxquels ils les destinent.

Pour traiter l'Art du Tonnelier avec ordre, nous diviserons son travail, & nous le rendrons en plusieurs articles séparés.

Dans le premier article, nous traiterons de l'achat du merrain & du traversin, & de leurs premieres préparations.

Dans le second, de la façon de monter le merrain & les douves qui ont été travaillées pour en faire des tonneaux.

Dans le troisieme, nous indiquerons les moyens que le Tonnelier met en usage pour rogner & jabler son tonneau.

Dans le quatrieme, nous parlerons de la construction des fonds d'un tonneau, & des moyens employés par le Tonnelier pour les mettre en place.

Dans le cinquieme, nous traiterons du reliage des tonneaux, de la façon de placer les cercles qui servent de liens aux douves, ou de substituer des cercles neufs à quelques-uns qui auroient manqué.

Dans le sixieme, nous ferons une application de ce que nous avons dit sur la fabrique des tonneaux à tout autre vaisseau, comme cuves, cuviers, seilles, &c, aussi du ressort du Maître Tonnelier.

Enfin, dans le septieme, nous décrirons certains ouvrages qui sont du ressort du Tonnelier, comme la descente des pieces de vin, d'eau-de-vie, d'huile, &c, dans les caves; la façon de tirer les tonneaux des bateaux qui les ont amenés, & de les mettre sur le Port où on les décharge. Enfin nous dirons un mot de la conſtruction des *bondons*, des *foſſets*, & de la fente de l'oſier dont ſe ſervent les Tonneliers pour attacher leurs cercles.

Nous avons fait tout notre poſſible pour nous rendre très-concis en traitant ces différents objets; & nous prévenons qu'on ne trouvera ici qu'une ſimple deſcription méchanique de l'Art de la Tonnellerie. Nous aurions deſiré le voir ſuſceptible de quelques autres détails : le travail que nous nous ſommes propoſé, en ſeroit devenu moins ſec & plus ſatisfaiſant.

Quoique les ouvrages du Tonnelier méritent notre admiration pour leurs inventions, nous devons avouer cependant que les différentes opérations de cet Art, une fois connues, l'ouvrier peut les exécuter, conduit ſeulement par routine. Pour devenir Maître, il n'a beſoin que d'une habitude qu'il lui ſeroit difficile de ne pas acquérir en peu de temps.

On conſtruit ordinairement des tonneaux, pieces ou futailles, en plus grande quantité, dans les endroits qui ſont les plus abondants en vignobles, ſi le bois de chêne y eſt commun ; ce qui arrive quand ils ſont proches de quelques forêts, ou que les bois peuvent s'y tranſporter aiſément.

L'attelier du Tonnelier, dans les endroits où l'on conſtruit le plus de tonneaux, conſiſte ordinairement en un *Hangard* aſſez ſpacieux pour placer pluſieurs Ouvriers, & les outils convenables à leur métier ; & dans l'intérieur des villes, comme dans Paris, dans de grandes boutiques. Il faut outre cela à tous les Tonneliers des magaſins couverts, pour arranger l'ouvrage fini ; & des cours, pour y dépoſer leurs merrains ou les douves préparées : car plus le bois eſt ſec & vieux fendu, meilleur il eſt pour la conſtruction des tonneaux.

ARTICLE PREMIER.

De l'achat du Merrain, du Traverſin, & de leur premiere préparation.

LES TONNELIERS font proviſion de merrain & de traverſin, & l'achetent des Marchands de bois qui, dans l'exploitation des forêts de chêne, réſervent une partie d'une vente pour cet uſage. Nous n'entrerons pas dans un grand détail ſur le premier travail du merrain & du traverſin ; ce ſeroit ſortir de notre objet, qui ſe borne à décrire l'Art du Tonnelier. Nous dirons ſeulement que les Marchands de bois deſtinent à cet emploi des parties droites de gros arbres, mais qui ont peu de longueur & de largeur. Dans une vente, l'intérêt & le profit du Marchand conſiſte à ménager le travail de ſon bois, & l'emploi qu'il en peut faire. Il eſt très-commun dans les forêts de trouver des bois qui ne permettent pas une parfaite diviſion. Ceux-là ne peuvent pas être *roulés*, & ne peuvent par conſéquent ſervir à faire de la *ferche* (*) ;

(*) Bois roulé s'entend de celui qui après avoir été fendu, eſt roulé, pour ſervir à faire de la ferche, &c.

on leur laisse pour lors plus d'épaisseur, & l'on en forme du merrain. Les parties de bois qui sont encore plus courtes, sont destinées à former du traversin.

Pour faire du merrain, on préfere, & l'on emploie ordinairement le *bois de fente* (*); quelquefois cependant on fait usage de *bois refendu*, pour en construire des pipes, & même des tonneaux. Les douves faites ainsi de bois refendu à la scie, restent ordinairement plus épaisses & plus difficiles à travailler, parce qu'elles ne sont pas partagées suivant les fibres du bois; & dans les endroits où l'on emploie cette espece de bois, on a le soin, en le sciant, de le ceintrer, pour avoir moins de difficulté à former, comme nous le dirons par la suite, ce qu'on appelle le *bouge du tonneau.*

Le merrain & le traversin doivent donc être pris dans du bois de *quartier*, dont on a soustrait l'*aubour;* autrement les douves qu'on en formeroit, seroient sujettes à se *coffiner*, & cesseroient d'être propres à la construction des tonneaux.

Nous avons dit qu'on choisissoit ordinairement le bois de chêne, pour en faire du merrain & du traversin, parce qu'il faut un bois serré, & qui ne pourrisse pas aisément. Sans doute d'autres bois pourroient aussi y être employés utilement, en rejettant cependant les bois tendres, que l'on nomme *Bois blancs*, qui se fendroient, imbiberoient le vin, & pourriroient promptement dans des caves humides. Il ne faut pas non plus employer des bois qui conserveroient de l'odeur qu'ils pourroient communiquer au vin, en changer le goût, & le rendre désagréable.

On se sert aussi de châtaignier & de hêtre. On prétend même que le vin se perfectionne dans cette derniere espece de bois; qu'il y prend un goût gracieux : dans les pays méridionaux, le *mûrier* est employé par les Tonneliers pour en former des barriques ou pieces à transporter le vin, & sur-tout à la construction de petits barrils, sceaux, seilles, &c. Ils se servent du châtaignier pour former des pieces ou barriques à contenir de l'huile : le mûrier est trop tendre, trop spongieux, pour pouvoir servir à cet usage. On croit que l'huile durcit le châtaignier, & qu'ainsi humecté, il résiste plus long-temps que tout autre à la pourriture; mais il faut que le châtaignier soit jeune; le vieux châtaignier est perméable, & dépense beaucoup de liqueur. Enfin, dans d'autres contrées, on fabrique des barrils destinés à transporter des denrées ou marchandises seches, comme sucre, clincaillerie, &c, avec des planches de pin ou de sapin.

Les poix grasses & seches nous arrivent aussi dans des barrils de sapin. Il nous vient du Nord du merrain prêt à être employé. Ce sont les Hollandois qui nous le fournissent, & nous en faisons souvent usage dans les Ports, pour en construire les barriques pour les embarquements.

(*) On appelle *Bois de fente*, celui que l'on a divisé en planches ou lames minces, à l'aide d'un outil nommé *Coutre*, en le partageant suivant les fibres du bois; & bois *refendu*, celui qui a été séparé avec la scie.

L'Ordonnance

L'Ordonnance qui concerne la fabrique & la vente des tonneaux, veut que le merrain & le traverſin dont le Tonnelier ſe ſert pour les conſtruire, ſoient de bois *ſec*, ſans *aubour*, *non pourri*, *rongé* ou *vermoulu*, *pertuiſé*, *vergé*, ni *artiſoné*.

La plûpart de ces termes n'exigent pas d'explication. On ſait que l'*aubour* ou l'*aubier* eſt la couche du bois, qui dans le chêne ſe trouve la plus proche de l'écorce, & que l'on peut regarder comme un bois imparfait; que les fibres du bois ſont moins ſerrées dans cette partie de l'arbre; qu'elle imbibe les liqueurs, & par conſéquent qu'elle laiſſeroit échapper le vin des futailles qu'on formeroit avec ce bois, qui d'ailleurs ſe pourriroit promptement.

Le bois doit être *ſec*. Si on l'employoit encore verd, les vaiſſeaux de l'arbre remplis de ſeve, lui donneroient de la molleſſe; & dans cet état il imbiberoit les liqueurs: la preſſion des cercles le refouleroient; il ſe coffineroit: d'ailleurs, le bois ſec gonfle beaucoup à l'humidité, & le vaiſſeau en devient plus étanché.

Le bois rongé, *vermoulu*, ou attaqué par les vers, doit être auſſi rejetté, ainſi que celui qui ſe trouveroit *pertuiſé* par toute autre cauſe, comme donnant iſſue au vin, & permettant à la liqueur renfermée dans le vaſe qu'on en formeroit, de s'échapper & de ſe perdre. C'eſt un défaut très-commun au chêne, que d'être attaqué par les vers. Les Tonneliers ont grand ſoin de fermer ces trous avec des épines de prunellier; car ils ſont reſponſables du vin qui ſe perdroit par les trous de vers qu'ils auroient laiſſé ſous les cercles.

Le bois *pourri*, ou qui commence à pourrir, ne doit point être employé. On en ſent aſſez les raiſons.

Pour entendre les termes de *vergé*, *vergeté* ou *bois-rouge*, il faut ſavoir que dans certaines parties de forêts, les planches de chêne offrent ſur leur ſuperficie des veines de différentes couleurs. Quand le bois prend une couleur rouge, marbrée, c'eſt une preuve de mauvaiſe qualité. Ce bois employé ne dure pas auſſi long-temps qu'un autre. Il ſe charge d'humidité, & ſe pourrit promptement. On croit que ce défaut eſt plus commun dans les bois abattus en retour; & l'on ſait que le bois acquiert ce terme plus promptement dans certaines forêts que dans d'autres. Mais comme c'eſt un commencement de dépériſſement, ce bois peut donner une mauvaiſe qualité au vin, & l'Ordonnance a très-bien fait de le proſcrire. On tolere ſeulement la doelle du bondon.

Le *bois gras* eſt pris ſur des arbres tout-à-fait en retour. Leur couleur & leurs fibres non-liées & tendres, les font reconnoître aiſément, & doivent engager à les rejetter, comme n'étant point propres à en former des futailles.

Les Tonneliers ſont aujourd'hui ſouvent obligés d'employer des *bois gras* pour la conſtruction des tonneaux, faute de meilleurs. Quand le bois l'eſt à un certain point, non-ſeulement il laiſſe perdre le vin; mais il eſt encore très-ſujet à ſe coffiner, & à s'épaigner. On éprouve le merrain en le frappant ſur le tranchant d'une pierre: s'il rompt par éclats, il eſt bon; s'il caſſe net, on le rebute.

On n'employe point, pour faire du merrain, les bois *roulis* ou *roulés*. Les cercles concentriques, qu'on regarde ordinairement dans le bois comme indiquant l'âge des arbres, ſe ſéparent, dans ceux-ci, les uns des autres. On comprend qu'avec ce défaut, ils ne peuvent ſervir à faire du merrain.

Il eſt aiſé d'appercevoir comment une partie des bois qu'on employe à faire des futailles, peut gâter le vin qu'elles contiennent. Mais il eſt certain bois ſur lequel on ne voit aucune des marques que nous venons de donner, comme déſignant un mauvais bois, & qui néanmoins, employés en fût ou poinçon, gâte en très-peu de temps le vin dont on les emplit. Ce bois communique à la liqueur un goût qu'on eſt convenu d'appeller *goût de fût*, qui lui ôte la vente, & le perd au point de ne pouvoir plus ſervir qu'à être *brûlé*, ou converti en eau-de-vie, ou en vinaigre.

On ne ſait quel eſt le caractere qui peut faire reconnoître ce défaut, qui n'eſt que trop commun dans nos forêts. Ce ſeroit rendre un ſervice au public, que de donner des moyens ſûrs de le diſtinguer; car juſqu'à cette heure ils ſont totalement inconnus, & le coup d'œil ne peut les indiquer. Il eſt très-commun, entre quantité de pieces que conſtruit le Tonnelier, d'en voir pluſieurs où le vin qu'on y a dépoſé, prend un goût de fût, & ſe gâte en peu de temps, tandis qu'une partie du même vin tiré de la même cuve, dépoſé dans le même endroit, & mis dans d'autres futailles, conſerve ſa qualité, & ne prend aucun goût. L'Ordonnance a cependant rendu reſponſables les Tonneliers des dommages qui arrivent aux vins dépoſés dans les pieces qu'ils ont livrées; elle les oblige de reprendre toutes celles qui ont ce goût de fût, & de les payer aux propriétaires qui ont acheté d'eux les futailles, ſur le prix de la vente commune du vin; & le Tonnelier ne peut refuſer de ſe ſoumettre à la loi, quoiqu'il ait pû occaſionner ce mal fort innocemment, en employant un mauvais bois, faute de caracteres ſûrs pour le diſtinguer d'avec un bon. Il eſt conſtant que les Tonneliers qui ont habitude de manier les bois qu'ils emploient, ne peuvent prévoir & reconnoître ce défaut; & j'avoue que j'ai juſqu'ici cherché inutilement des marques qui puſſent me l'indiquer.

Le fût ou la futaille qui eſt reconnue pour avoir cette mauvaiſe qualité, doit être *déchiré* & brûlé. On ne connoît point de moyens propres à faire perdre au bois ce goût. Le fût gâteroit tout autre vin dont on le rempliroit. Une ſeule douve de cette piece, employée dans la conſtruction d'une autre futaille, la mettroit dans le même cas, & perdroit de même le vin qu'on y dépoſeroit (*).

(*) M. Duhamel a fait faire deux futailles avec du merrain que les Tonneliers avoient rebuté, croyant qu'il gâteroit le vin; il les a emplies de vin nouveau qui y a bouilli, & qui n'y a pris aucun mauvais goût.

A Orléans, les Tonneliers achetent ordinairement le merrain au *millier assorti*, qui est composé de 1400 de doelles ou douves de long, & 700 de traversins propres à faire des *maîtresses pieces* & des *chanteaux:* ce qui fait 2100 pour l'assortiment. Quand le bois est de bonne qualité, il paye le millier assorti, 200 liv. ce prix diminue quand le bois n'est pas aussi bon, ou quand il n'est pas de longueur convenable, & encore plus quand les vignes ont gêlé.

Le merrain, ou doelles de long pour les pipes, doit avoir autour de 4 pieds 6 pouces de long; pour les muids, 3 pieds 2 ou 3 pouces; pour les demi-queues, 2 pieds 6 à 7 pouces: leur largeur, depuis 4 pouces jusqu'à un pied, & 6 ou 9 lignes d'épaisseur. Ces dimensions doivent excéder un peu les longueurs des pieces qu'on doit en former, pour que le Tonnelier puisse soustraire une partie des extrémités des planches, si elles sont défectueuses. On vend du merrain qui porte d'autres dimensions pour en construire des cuves, des tonneaux, ou d'autres vaisseaux qui sont aussi, comme nous l'avons dit, du ressort du Tonnelier.

Le traversin propre à faire des *maîtresses pieces*, porte 2 pieds de long, & depuis 8 pouces jusqu'à 5 de large.

Celui qui est destiné à former des *chanteaux*, a ordinairement 5 pouces jusqu'à 8 de largeur.

Nous verrons dans la suite que l'on fait des pieces ou futailles avec du merrain de peu de largeur; que pour lors on est obligé d'employer un plus grand nombre de douves pour les former. Le tonneau en est mieux joint, & plus estimé que celui pour lequel on auroit employé du merrain plus large qui forme des pans, & qui est sujet à se coffiner.

De la premiere préparation que le Tonnelier donne au Merrain & au Traversin.

LE TONNELIER muni des outils propres à son métier, & du bois dont il doit construire ses tonneaux, choisit celui qu'il veut employer, & met à part les outils qui doivent servir au premier travail de son merrain & de son traversin. Ordinairement il destine le temps de l'hiver pour préparer son bois, travailler ses douves & ses fonds, & les mettre en état d'être montées. Cet ouvrage étant achevé, la plus grande partie de son travail est faite. Il ne lui reste plus, pendant l'été, qu'à joindre ses douves, ou, en terme de Tonnelier, *monter ses tonneaux* & les *relier*. Le Tonnelier a besoin, pour façonner son merrain & son traversin, du rabot, de la colombe, de la selle à tailler ou du chevalet, du charpi ou tronchet, de la cochoire, de la doloire, de la scie à tourner, du coutre & de la mailloche. Ces outils préparés, & son bois amené, il commence son travail.

Pour dégauchir son merrain, il prend un tas de ces planches qu'il pose contre le *charpi* ou *billot;* & pour en former les douves de ses tonneaux, il les travaille ſéparément. Il place une de ces planches ſur cette eſpece de billot, formé d'une groſſe maſſe de bois (*Pl. I, fig.* 4), ſoutenu & élevé de terre par trois pieds ; ou bien il forme ſon billot (*fig.* 3) avec un moyeu de roue de charrette. L'ouverture qui ſervoit de paſſage à l'eſſieu, eſt perpendiculaire, & ſert à poſer une *hauſſe a* ; & il approche le long de ce moyeu un ſecond montant de bois qui, placé ainſi perpendiculairement, forme la ſeconde *hauſſe b*, qui eſt échancrée à mi-bois. Il la retient à l'eſſieu par deux petites traverſes (*fig.* 3). La peſanteur de ces charpis ou billots leur donne de la ſolidité. C'eſt ſur les deux *hauſſes* ou *échaſſes*, que l'Ouvrier place la planche qui eſt deſtinée à être travaillée la premiere. Il la diminue d'épaiſſeur avec la doloire (*Pl. I, fig.* 2) ; il en ôte les inégalités, & l'unit, en coupant toujours le bois de *travers*. Cet outil eſt large de lame ; il eſt peſant. Les juſtes proportions de la lame avec le manche, & leurs peſanteurs bien balancées, rendent cet outil aiſé à manier. Il demande cependant de l'adreſſe de la part de l'Ouvrier. Le morceau de bois qui ſert de manche à la doloire, fait un angle avec la lame, afin qu'elle puiſſe plus aiſément approcher du merrain, & le réduire à l'épaiſſeur convenable, ſans que la main de celui qui tient l'outil, le gêne dans ſon travail.

Le Tonnelier dole (*Pl. V, fig.* 1), en appuyant l'extrémité du manche de la doloire ſur ſa cuiſſe. Il poſe le pouce ſur le manche de l'outil. Sa main ſert principalement à diriger la doloire ; & le mouvement que le Tonnelier donne à ſa cuiſſe, qui s'accorde avec celui de ſon poignet, facilite beaucoup cette opération. La doloire peſe ordinairement dix à douze livres, & l'outil n'agit preſque que par ſon poids. *Doler*, eſt le travail le plus rude & le plus difficile du Tonnelier. Peu d'Ouvriers dolent bien & promptement. Auſſi dans les grands atteliers où l'ouvrage ſe trouve diſtribué à chaque Ouvrier, on fait grand cas du *Doleur*. Cet Ouvrier, quand il eſt bon, gagne juſqu'à quatre ou cinq livres par jour.

Comme la hauteur de la cuiſſe du Tonnelier eſt une *donnée*, il faut néceſſairement ſe conformer à cette hauteur pour celle du billot deſtiné à porter la planche que doit travailler celui qui dole, & faire enſorte qu'en opérant, il ſe trouve le moins gêné qu'il eſt poſſible.

L'Ouvrier qui dégauchit le merrain pour en former les douves, diminue de leur épaiſſeur dans certaines parties ; & dans celles-là, elles ſe trouvent réduites à 2 & 3 lignes d'épaiſſeur, tandis que d'autres endroits de la douve conſervent les 6 ou 9 lignes qu'elle devroit avoir ſur toute ſa longueur.

Une des ſurfaces de chaque douve doit néceſſairement former une portion circulaire. Auſſi le Tonnelier s'étudie-t-il à donner cette forme, ſeulement à celle des ſurfaces qui doit former l'extérieur du tonneau. A l'égard de l'autre ſurface de la douve qui ſe trouvera dans le tonneau, comme il importe peu que dans cette partie la futaille tienne de la forme d'un *poly-*

gone,

gone, on se contente de la dresser & de l'unir. Le Tonnelier taille donc en dos-d'âne une des surfaces de son merrain, en abattant de chaque côté sur toute la longueur de sa douve, un peu de son épaisseur, & lui laissant du renflement dans le milieu : c'est cette préparation qu'on appelle *tailler en roue b* (*Pl. V*, *fig.* 10).

La planche étant bien dressée sur la surface intérieure du tonneau, & arrondie sur l'extérieure, il s'agit de préparer ses côtés. Il y a deux remarques à faire sur la forme du tonneau, qui prescrivent le travail du Tonnelier. 1°, On sait que le tonneau est plus renflé vers sa partie moyenne, ou ce qu'on appelle le *ventre de la piece* ou le *bouge*, que vers ses extrémités.

Pour se représenter la forme d'un tonneau, & pour prendre l'idée la plus juste qu'il est possible d'en donner, nous avons dit qu'on pouvoit le regarder comme formé par deux cônes tronqués, dont les bases seroient réunies à l'endroit du plus grand diametre de la futaille sur le bouge, & au lieu où se place ordinairement l'ouverture du bondon. Ainsi chaque *douve* ou *doelle* *c* (*Pl. V*, *fig.* 10), (car nous nommerons toujours ainsi le merrain travaillé), doit aussi avoir plus de largeur dans cette partie *c* que vers ses extrêmités *e*, *d*.

2°, Le tonneau étant formé par plusieurs douves arrangées circulairement les unes à côté des autres, pour que les côtés de ses douves se touchent sans laisser d'intervalle, il faut que les douves, dans leur épaisseur, fassent une espece de *biseau*, ou ayent une certaine *pente*, c'est-à-dire, qu'en regardant la douve comme formée de deux surfaces, celle qui doit être l'intérieure du tonneau, doit être moins large que celle qui doit former la surface extérieure de la piece.

Pour rendre ceci encore plus sensible, & régler la direction de ce biseau, il faut imaginer les douves arrangées circulairement les unes à côté des autres, & le tonneau monté (*Pl. V*, *Fig.* 24). Pour que les douves prennent la forme qu'elles donnent au tonneau, il faudroit que ce biseau fût taillé suivant un rayon qui, de la surface extérieure de la douve, iroit se rendre au centre du tonneau *a*. Cependant ce n'est pas absolument sur cette direction que le Tonnelier se regle en le formant. Il fait bien ensorte que les douves se touchent par leur surface intérieure ; mais il donne au biseau de chaque douve une obliquité moins considérable, qui éloigne les deux surfaces extérieures, & qui laisse sur la partie visible du tonneau un espace *b* entre une douve & sa voisine (*fig.* 25). Les Ouvriers appellent cet espace la *serre*. Elle est nécessaire pour engager le bois à se resserrer, à se comprimer ; & on l'y oblige ensuite par le moyen des cercles que le Tonnelier ajoute pour retenir ses douves. Pour lors les rayons *c*, *a* imaginés, partant de la surface extérieure de la douve deviennent convergents au centre ; & nous avons dit qu'il le falloit ainsi, pour que les douves ne laissassent aucun intervalle entr'elles. Le Tonnelier appelle *le clain de la douve*, le *biſeau* ou l'inclinaiſon dont nous parlons, que l'on pratique ſur ſon épaiſſeur. Pour faire ſon fût plus renflé vers ſa partie moyenne que vers ſes extrémités, il commence donc par diminuer chaque douve de largeur vers ſes deux bouts, & laiſſe le milieu de la planche de toute ſa largeur. C'eſt l'œil qui lui indique la quantité de cette diminution. D'ailleurs, elle n'eſt point fixe. Elle doit être plus ou moins forte, ſuivant que le merrain qu'il travaille, eſt plus large. La ſeule inſpection de ſa douve poſée de champ, & vue ſur ſa largeur, lui indique ſi le ſommet de l'angle eſt bien pris ſur la partie moyenne de ſa planche. Il n'a point d'autre regle plus ſûre ni plus exacte. Cependant on voit peu de tonneaux varier par la forme. Ils ſe reſſemblent tous. Il eſt vrai qu'il lui reſte une reſſource pour rectifier la forme de la futaille; mais nous ne pouvons en faire mention que dans l'article où nous traiterons des moyens qu'emploie le Tonnelier pour la monter.

Ces premieres opérations que l'on fait aux douves ſe commencent, comme nous l'avons dit, ſur le charpi. Après avoir dreſſé la douve *a*, (*Pl. V*, *fig.* 1 & 10) avoir taillé ſes ſurfaces, un peu bombé l'une ſur ſa largeur *b* ou, comme ils s'expriment, l'avoir *taillée en roue*, avoir applani l'autre ſurface de la douve, l'Ouvrier (*fig.* 2) donne ſur cette planche, qu'il tient preſque perpendiculairement, un coup de doloire, en commençant à emporter du bois vers ſa partie moyenne *c* (*fig.* 10), & continuant juſqu'à ſes extrémités *d*, *e*.

Quand ce côté de la douve eſt préparé, il la retourne dans ſa main, & en fait autant à l'autre côté. Enſuite pour ne point perdre de temps, & ſans quitter l'outil qu'il tient de la main droite, il change ſa douve bout pour bout en la jettant en l'air; & la retenant de la même main, il recommence le même travail ſur ſon autre extrémité.

Le Tonnelier ſe ſert encore, pour perfectionner cet ouvrage, de la *ſelle à tailler*. La ſelle à tailler, quant à ſon uſage, eſt l'étau du Tonnelier (*Pl. I*, *fig.* 7). Un coup d'œil jetté ſur les figures, fera concevoir aiſément la conſtruction de cette machine & les moyens de s'en ſervir. L'Ouvrier aſſis ſur la ſelle à tailler (*Pl. V*, *fig.* 3), comme ſur un banc, poſe ſa douve ſous l'étau *a* (*Pl. II*), qu'il ſerre, en appuyant ſes pieds ſur une traverſe *b* placée en-deſſous. La planche ou douve étant ainſi retenue, il prend la plane, & diminue la largeur de la douve, en commençant, comme nous l'avons dit, de ſon milieu, & en emportant toujours d'un côté & de l'autre, juſqu'à ce qu'il trouve cette diminution réguliere. Il retourne enſuite la douve bout pour bout, l'aſſujettit de même ſous la *ſerre* ou l'étau de la ſelle à tailler, & recommence ce même travail, en ôtant du bois toujours du milieu vers ſes extrémités.

Enfin, il acheve & perfectionne les opérations que nous venons de décrire avec la colombe (*Pl. I*, *fig.* 6). C'eſt une eſpece de rabot qui differe des rabots communs, en ce qu'il reſte en place, qu'il eſt ſolide, & qu'au lieu de promener, comme l'on fait ordinairement, le fer du rabot sur la planche qu'on veut diminuer, l'on fait passer sur le tranchant *a* de celui-ci la planche ou douve qu'on veut travailler. Le Tonnelier (*Pl. V, fig.* 4) avec cet outil, regle mieux la diminution qu'il veut faire à sa douve, & il change cette diminution, en appuyant plus ou moins la planche sur la colombe, & l'inclinant un peu, quand il veut former le *biseau* ou le *clain* de la douve. Il continue cette manœuvre jusqu'à ce qu'il trouve sa planche réguliere. Le coup d'œil lui suffit ordinairement pour juger de cette régularité. S'il a besoin de mesure, c'est son doigt qui lui en sert. Il le place vers les extrémités de la douve, & juge par cette simple manœuvre de combien est la diminution qu'il a faite aux extrémités de la douve, & de quelle quantité elle se trouve plus large dans son milieu que vers ses extrémités. Cette diminution est ordinairement sur une douve qui a trois pieds de long, de six à huit lignes.

Quelques Tonneliers ont cependant l'attention d'arranger & de finir une douve avant d'en commencer une autre; & ils présentent sur cette douve qu'ils ont construite aussi réguliérement qu'il a été possible, les autres douves qu'ils travaillent, & qui doivent servir à une futaille d'un même modele.

Pour pratiquer sur l'épaisseur de la douve la pente dont nous avons parlé, il penche un peu la douve (*Pl. V, fig.* 4), en la faisant passer sur la colombe du côté où il veut former le biseau; & appuyant sur elle, il la promene dans toute sa longueur sur ce rabot, & en soustrait une partie de sa largeur; mais plus du côté de la face plate, que de celle qui est en roue. Cette opération recommencée de l'autre côté de la douve, rend sa surface intérieure moins large que sa surface extérieure; ce qui, comme nous l'avons dit plus haut, permet aux douves arrangées circulairement de se rassembler parfaitement, de façon que les pieces liées & serrées ne laissent aucun espace par où la liqueur puisse s'échapper.

Quelques Tonneliers, pour donner aux douves la forme circulaire que doit avoir une de ses surfaces, & pour former sur leur épaisseur le biseau ou le *clain* dont nous avons parlé, ont des modeles taillés sur des portions de douves. Ce sont des especes de *patrons*, ou des *panneaux* ou *serches*, sur lesquels ils présentent la douve qu'ils se proposent de tailler; & ils font ensorte, en l'appuyant le long de cette planche, qu'elle suive parfaitement le contour de la courbe que l'on a donné *au modele*. Les Tonneliers appellent ce bout de planche, le *Crochet*, (*Pl. VI, fig.* 11 & 12).

Ces Ouvriers ont différents crochets, & chacun porte une portion de la courbe du tonneau, ou de la piece ou futaille que l'on veut construire. Ainsi, pour former, par exemple, le crochet d'un quart ou d'une demi-queue, on aura dû décrire sur une planche, avec un compas ouvert des dimensions du rayon du quart ou de la demi-queue, une portion de la circonférence de ces pieces; & à chaque douve que construit l'Ouvrier, il la présente le long de cette courbe pour l'exécuter sur une des surfaces de la douve qui doit être employée à former cette piece. Nous verrons que dans certains vaisseaux, comme *cuviers*, *baignoires*, & généralement tous ceux dont les différentes parties réunies ne forment pas des cercles réguliers, les douves ne portent pas toutes une même courbure, & que pour lors il faut un double crochet pour aider à former ces différentes douves.

Sur les crochets dont nous venons de parler, on n'a pas achevé de décrire la courbe dont nous avons fait mention; mais on a terminé une de ses extrémités par une échancrure *a* ou un angle mixtiligne formé par la courbe & par une ligne qui vient aboutir à cette partie de la circonférence du tonneau que représente le *crochet* ou patron. Cette ligne *a* doit servir à donner l'angle au biseau, ou le *clain* qui doit se trouver sur l'épaisseur de la douve, & qui doit être tracé, comme nous l'avons dit, de façon que cette ligne ne forme pas tout-à-fait un rayon du tonneau: car les douves taillées sur ce patron, réunies, doivent se toucher par leur surface interne, & laisser un espace extérieurement. Cet espace ne se trouve rempli, que lorsque les cercles placés serreront les douves: pour lors le bois se comprimera, & cet intervalle extérieur entre les douves disparoîtra entiérement; & c'est alors que le biseau deviendra un rayon de la circonférence du tonneau.

Pour tracer ce *crochet* & la ligne *a b* dont nous venons de voir l'usage, le Tonnelier prolonge par un trait, sur sa petite planche, la courbe *a b* (*fig.* 13), qui est déja tracée, & la mene jusqu'en *c*; il prend son compas qu'il ouvre d'une petite quantité; la moindre est le mieux. Il trace un cercle, & la prolongée de la courbe forme une corde qui coupe le cercle. Il éleve une perpendiculaire sur cette corde qui, à l'endroit où elle coupe la premiere, donne la pente de la ligne *a b* dont nous parlons, destinée à diriger l'obliquité du biseau de la douve.

Les douves préparées, le Tonnelier les met à couvert, & les arrange par pile, lit par lit, les unes à côté des autres, en croisant le premier rang par le second, & ainsi de suite, en plaçant toujours alternativement le second rang dans un autre sens que le premier. Il les y laisse (*Pl. V, A*), jusqu'au temps où il compte s'en servir pour *monter* ses tonneaux & les relier.

Le Tonnelier prépare ensuite son *traversin*. Nous avons dit qu'on nomme ainsi le bois qui doit lui servir à construire ses fonds. Il le place sur le charpi; & avec la doloire il unit une de ses surfaces, & dresse sa planche. Cette opération, comme toutes celles du Tonnelier, doit être menée promptement.

L'Ouvrier acquiert la facilité de travailler aisément le bois avec l'habitude de le manier avec célérité. Elle dépend en partie d'un tour de main pour retourner la planche & la changer de surface, ou en la jettant en l'air, la retenir de la même main pour la changer bout pour bout. Si le traversin est trop épais, le Tonnelier se sert du coutre (*Pl. II, fig.* 3), pour le fendre en deux planches, qui peuvent quelquefois lui servir toutes deux. Il place pour

lors

lors la lame du coutre sur le milieu de l'épaisseur de la planche ; & frappant dessus la lame avec la mailloche (*Pl. II, fig.* 4), dans le sens des fibres du bois, il oblige le coutre d'entrer dans la planche. Il appuie ensuite sur le manche de l'outil, & divise ainsi la planche suivant son épaisseur & dans toute sa longueur. C'est l'adresse du Tonnelier de bien conduire son outil pour garder le milieu de la planche. Les fendeurs qui font des *ferches*, des *lattes*, des *charniers*, des *cercles*, &c, se servent aussi du coutre ; & il devient dans leurs mains d'autant plus difficile à manier, que la piece que ces Ouvriers se proposent de fendre, est plus longue.

Il n'est nécessaire ici que d'unir une des surfaces du traversin, celle qui doit faire la partie extérieure du fond. On laisse sans aucune préparation la surface qui doit être placée intérieurement. Il faut ensuite dresser les côtés du traversin qui forment son épaisseur. On passe chaque planche sur la colombe ; & la tenant droite, on unit ses côtés, pour que les planches placées l'une contre l'autre, ne laissent aucun intervalle entr'elles, & se joignent exactement. Le Tonnelier, pour s'en assurer, avant de quitter la planche qu'il travaille, a toujours soin de la présenter contre une autre finie, pour voir si les côtés rassemblés l'un contre l'autre, se rapportent bien.

Le Traversin ainsi dressé, & ses côtés bien unis, le Tonnelier les met en pile, comme il a fait le merrain, jusqu'à ce qu'après avoir monté son tonneau, il veuille travailler à faire ses fonds.

ARTICLE II.

Des moyens employés pour bâtir ou monter un Tonneau.

VERS le printemps, le Tonnelier *monte* ou *bâtit* ses tonneaux. L'ouvrage de l'hiver, que nous venons de décrire, a consisté à préparer, à doler, & à dresser les douves qui doivent former les côtés ainsi que les fonds de ses fûts ; cela fait la partie principale de son travail & la plus difficile. Quand il veut *bâtir* ses tonneaux, il va chercher ses douves dans l'endroit où il les a placées, & où elles ont été arrangées en pile.

Pour *monter* un tonneau ; prenons pour exemple une demi-queue ou un poinçon ; il commence par lier quatre cercles qui ont des dimensions conformes à celles qu'il doit donner à la piece qu'il veut *bâtir*. Deux de ces cercles doivent être placés à six pouces environ du bondon, & avoir par conséquent un diametre égal à celui du fût auprès du bouge, y compris l'épaisseur des douves. Les deux autres cercles doivent être placés auprès du jable, & avoir le même diametre que le tonneau a à cette partie. Le Tonnelier, pour ne se point tromper, a ordinairement plusieurs cercles de fer de différentes grandeurs (*Pl. I, fig.* 9), suivant la jauge du tonneau qu'il se propose de conſtruire. C'eſt ſur un de ces cercles de fer qu'il lie les premiers cerceaux dont nous parlons. Il arrange 18 ou 19 douves ou doelles, à peu-près la quantité qu'il croit convenable pour former ſa futaille. On comprend aiſément que lorſque les douves ſont étroites, il en faut beaucoup davantage. Il les dreſſe debout ; & les poſant les unes ſur les autres, il leur donne une certaine inclinaiſon (*Pl. V, fig.* 11), pour les retenir toutes avec le ſecours d'une ſeule douve, qui placée en arcboutant dans une inclinaiſon contraire aux premieres, ſoutient toutes les autres. Quand il peut ſe placer le long d'un mur, il n'a pas beſoin de ce moyen pour ſoutenir toutes ſes douves : il les appuie le long du mur, à portée de l'endroit où il bâtit ſon tonneau.

Le Tonnelier prend un des cercles qui doit régler les dimenſions du tonneau ſur le jable ; c'eſt pourquoi nous l'appellerons ici *Cercle du jable.* Il place ſon tire-fond (*Pl. I, fig.* 8) dans le cercle *b*, (*Pl. V, fig.* 11) ; il appuie la premiere douve contre ce tire-fond, qui reſſemble aſſez à un piton de fer. Nous le décrirons plus amplement dans la ſuite. Il choiſit la douve la plus large pour la poſer la premiere ; il la met en place ; il l'appuie contre le tire-fond, & la retient avec la main. Il met (*fig.* 7), à côté de cette premiere, une ſeconde, une troiſieme, une quatrieme, juſqu'à ce que tout le cercle ſoit garni. Rarement toutes ſes douves ſe trouvent-elles juſtes de largeur, pour remplir tout le cercle & former le fût. Quand il ne reſte plus qu'une petite diſtance à remplir, il ôte une petite douve, & la remplace par une plus large ; ou bien il ôte deux étroites, & en met une qui ait plus de largeur que les deux qu'il a ſouſtraites ; ou il en ôte une, & en met deux. Enfin, comme il ſe propoſe de remplir avec les douves tout le cercle, quand il reſte une petite partie de ce cercle à garnir de douves, il trouve ſouvent plus court d'en travailler une nouvelle & la diminuer de largeur. Auparavant il s'aſſure encore s'il ne ſuffiroit pas d'en retourner quelques-unes bout pour bout, qui ne feroient pas d'égale dimenſion ſur les deux extrémités. Il meſure la partie qu'il faut remplir, ou celle qu'il faut ſouſtraire. Le Tonnelier coupe une paille pour ſe rappeller cette quantité.

Pour s'aſſurer ſi les douves réunies ne forment pas un eſpace plus grand d'un côté du fût que de l'autre, il les retourne toutes bout pour bout, les arrange comme il a fait la premiere fois ; & c'eſt ce que le Tonnelier appelle *batourner*. Il meſure de nouveau la diſtance entre les douves avec la paille, & cette paille lui apprend ſi les douves ſont d'égale largeur ſur leurs deux extrémités ; & c'eſt ſur cette meſure qu'il arrange ſa nouvelle douve, en lui donnant les dimenſions que lui indique la paille. Cette opération ſe fait ſur la ſelle à tailler avec la plane, comme nous l'avons déja décrit. C'eſt avec cet outil qu'il réduit ſa douve de largeur convenable. Il la dreſſe enſuite ſur la colombe, & lui forme la pente dont nous avons parlé, & qui lui eſt néceſſaire pour qu'elle joigne exactement avec les autres douves. Cette douve que travaille le Tonnelier, doit servir encore à donner au tonneau la forme prescrite ; & c'est à l'aide de cette derniere opération que l'on pratique en le bâtissant, que le Tonnelier corrige la forme irréguliere que pourroit lui avoir donné la diminution que nous avons dit que l'on étoit obligé de faire sur la largeur des douves, depuis leur milieu jusqu'à chacune de leurs extrémités, pour former ce qu'on appelle la partie moyenne & la plus large du tonneau ou le *bouge*.

Si cette diminution n'a pas été faite également sur les deux extrémités des douves, le Tonnelier arrange sa nouvelle douve sur l'observation qu'il en a faite ; & cette douve qui doit finir le tonneau étant achevée, il la met en place.

Quand son cercle est garni de douves, il les frappe toutes en-dessus, ensuite en dedans pour les faire rentrer l'une dans l'autre, & s'appliquer exactement. Il met encore un second cercle plus large que le premier, & qui descend au-dessous de celui qui a servi de regle pour donner les dimensions au tonneau. Ce second (*Pl. V, fig.* 12), que nous nommerons *Cercle du bouge*, sert encore à retenir les douves. Il les frappe pour les faire *serrer*, & donne aussi quelques coups sur les douves pour les empêcher de *revenir*.

Il ne s'agit plus que d'arranger l'autre côté du poinçon. Pour cela, le Tonnelier retourne son fût, & se sert, pour resserrer toutes les douves qui tendent à s'éloigner les unes des autres, d'une machine ou ustensile, nommé *Bâtissoir*, probablement parce qu'elle sert à bâtir le tonneau. C'est un petit treuil (*Pl. I, fig.* 16) soutenu dans un chassis. L'arbre du treuil porte une corde avec laquelle le Tonnelier entoure les douves. Elle revient s'attacher au chassis du bâtissoir. On resserre cette corde (*Pl. V, fig.* 8) par le moyen d'un petit levier qui fait tourner l'arbre sur lequel elle s'entortille. La corde (*Pl. V, fig.* 13) approche & réunit ainsi les douves qu'elle entoure.

Le Tonnelier a un cercle de jable tout prêt, déja retenu par ses liens d'osier, & de grandeur convenable, qui porte les mêmes dimensions que celui qu'il a placé de l'autre bout du poinçon. Il fait passer les douves dans celui-ci pour assujettir ce second bout de la piece. Il remet encore de ce côté un second cercle de *bouge* plus grand que celui du jable, & qui, comme nous l'avons expliqué, porte sur les douves plus près du bondon. Le fût ainsi retenu (*Pl. V., fig.* 14) par quatre cercles, est en état d'être transporté. Il reste cependant encore au Tonnelier quelques opérations à exécuter, que nous allons décrire dans les articles suivants.

Quelquefois pour faire revenir les douves plus facilement, & pour empêcher le bois de se casser, en lui faisant prendre la courbe que l'on veut donner au tonneau, on brûle des copeaux dans le fût. La chaleur attendrit le bois : il devient plus souple, & obéit mieux au bâtissoir.

Les Tonneliers ont l'attention d'exécuter cette opération dans un endroit éloigné de celui où ils travaillent ordinairement, pour que le feu ne se communique point aux copeaux secs, ou à d'autres bois qui pourroient donner lieu à un incendie.

On voit maintenant pourquoi le Tonnelier a diminué un peu de l'épaisseur des douves sur leur largeur ; ce qu'ils appellent *tailler en roue*. La douve *b* (*fig.* 10) prend extérieurement la courbe, & donne au tonneau la forme circulaire que l'on demande dans chacune de ses parties.

On voit encore que chaque douve plus large dans sa partie moyenne, que vers ses extrémités resserrées par les cercles, contribue encore à donner au tonneau une forme réguliere, & celle qu'on est convenu de lui donner.

ARTICLE III.

Des moyens qu'emploie le Tonnelier pour rogner les Douves, & former ce qu'on appelle le Jable du Tonneau.

Le Tonnelier, après avoir monté son tonneau & sa futaille, & l'avoir retenue par deux cercles de chaque côté du bouge, réduit chaque douve à une même longueur. Cette opération qui se nomme *rogner les douves*, demande beaucoup d'attention de la part du Tonnelier. Elle doit précéder celle où le Tonnelier fera le jable, la perfection de cette seconde manœuvre dépendant en grande partie du soin qu'on a mis à bien exécuter la premiere.

Auparavant de décrire la façon de rogner & de faire le jable, nous devons dire un mot de deux opérations moins essentielles que celles-ci, & moins difficiles à exécuter, mais que le Tonnelier pratique toujours avant celle de rogner & de jabler. Ce sont celles qu'il appelle faire le *parage*, & former le *pas d'asse* (*) ou le *chanfrein*.

Pour entendre ce que les Ouvriers nomment faire le *parage* & le *pas d'asse*, il faut se représenter la figure intérieure que doit avoir le tonneau. Nous avons dit qu'il formoit un polygone à autant de côtés qu'il y a eu de douves employées à le construire, plutôt qu'une surface arrondie, parce que l'espace compris entre des planches droites, ne pouvoit pas donner une figure cylindrique.

Il faut encore savoir que la petite portion de l'intérieur du tonneau qui doit rester apparente, est celle comprise depuis chaque extrémité du tonneau, jusqu'à la rainure du jable. Le *parage* est l'opération par laquelle, dans la partie du tonneau qui doit devenir visible, le Tonnelier change la figure de polygone qu'il avoit auparavant, & lui donne une forme circulaire. Avant de parer son jable, l'Ouvrier prend son fût retenu par quelques cercles, comme nous l'avons dit plus haut, & il le pose sur une surface unie, pour examiner, (en frappant toutes les douves, & les faisant porter sur ce terrein égal,) celles

(*) L'Ouvrier a donné le nom de *Pas d'asse* à cette opération, probablement parce qu'elle est faite avec l'*asse* ou *assette*.

qui

qui sont plus longues qu'il ne convient à la dimension du tonneau. Il porte ensuite son fût dans la *selle à rogner* (*Pl. II, fig.* 1).

La *selle à rogner* est une espece d'étau destiné à arrêter & à maintenir le tonneau, tandis que le Tonnelier l'acheve & le perfectionne. Cet étau (que nous ne nommons ainsi, que parce qu'il retient la partie qu'on veut travailler), consiste en deux fortes branches qui, réunies par une de leurs extrémités, forment une espece de fourche. Pour la rendre solide, le Tonnelier a retenu en terre le côté où les deux branches se réunissent. Il a encore arrêté l'une des deux branches à un poteau aussi enterré, & placé perpendiculairement à l'extrémité de cette branche. De l'autre côté, à l'autre bras de la fourche, environ à un pied de ce bras, l'on a mis encore un troisieme poteau arrêté aussi perpendiculairement. Enfin, au-dessous de la fourche, de l'endroit où les deux bras se réunissent, il part une traverse qui n'a pas tout-à-fait la longueur du poinçon, & qui est entaillée sur son extrémité la plus éloignée de la fourche. C'est entre ces deux bras de la fourche, & sur cette traverse, que porte le poinçon que le Tonnelier doit travailler. Le poteau éloigné de quelque distance de la fourche, contribue encore à le maintenir stable.

Le Tonnelier place donc sa futaille dans la selle à rogner, & la maintient de façon qu'il ne puisse lui faire changer de place dans cette espece d'étau, que lorsqu'il voudra quitter l'endroit achevé pour en travailler un autre.

Pour donner au jable une figure circulaire, au lieu du polygone que les douves forment par leur rencontre, le Tonnelier soustrait dans l'intérieur du tonneau une partie de l'épaisseur de chaque douve, sur-tout vers leur milieu, & cela seulement dans une hauteur de cinq à six pouces, mais à chaque bout, afin que la rainure du jable en soit plus réguliere, & faciliter l'entrée du fond quand il le mettra dans son jable. Enfin, cette premiere opération achevée, le Tonnelier travaille à former intérieurement sur chaque extrémité des douves, aussi à chaque bout du tonneau, un biseau ou une espece de chanfrein que l'on peut voir, ou avoir remarqué sur un tonneau achevé.

Outre que ce chanfrein donne une certaine propreté au tonneau (sans doute parce que nos yeux y sont accoutumés), ce biseau facilite encore son maniement, & le rend plus aisé à soulever, quand on veut le faire porter sur un de ses fonds. Une principale raison qui engage à le former, & qui rend ce biseau nécessaire, c'est que les extrémités des douves ayant moins d'épaisseur, il est plus aisé d'achever de les rogner, comme nous allons l'expliquer dans un moment. On prétend aussi que les planches ainsi terminées par un chanfrein, sont bien moins sujettes à *s'écaler*, en terme de Tonnelier, c'est-à-dire, que les lames du bois qui forment les douves, se séparent moins les unes d'avec les autres.

Pour former cette espece de chanfrein, la piece restant toujours assujettie dans la selle à rogner, le Tonnelier enleve une partie de l'épaisseur des douves ſur leurs extrémités, en amenant l'aſſette à lui, & travaillant en face de ſon corps & de l'ouverture du tonneau ; au lieu qu'en formant le parage dont nous avons parlé, il n'a devant lui que la partie de la circonférence du tonneau qu'il travaille. Il retranche & enleve donc le long des bords des douves intérieurement la moitié de leur épaiſſeur, & forme le biſeau qui fait une partie des jables des tonneaux.

Venons maintenant aux moyens employés par le Tonnelier pour achever de rogner ſon tonneau.

Le Tonnelier, pour rogner une futaille, la met dans la ſelle à rogner. Nous verrons qu'il ſe paſſe de cette eſpece d'étau pour rogner les quarts, & nous décrirons ce qu'il lui ſubſtitue.

Après donc avoir coupé avec l'aſſette les douves qui débordent beaucoup les autres, opération qui a dû ſe faire avant de former le chanfrein, il prend ſon rabot, & le promene ſur toute l'épaiſſeur des douves, en coupant toutes celles qui ſeroient encore plus longues, juſqu'à ce qu'il voie la circonférence du tonneau bien formée & réguliere dans toutes ſes parties. Il ne faut point qu'il y ait de reſſaut ſur cette ſurface, parce que, comme nous allons le dire, elle doit régler la rainure dans laquelle doit entrer le fond ; & les mêmes inégalités, s'il y en avoit ſur cette ſurface, ſe trouveroient répétées dans la rainure du jable.

Le rabot emporte plus aiſément les parties inutiles, & celles qui débordent la longueur que l'on veut laiſſer aux douves depuis le chanfrein qu'a formé le Tonnelier ſur l'épaiſſeur des douves : il donne au fer du rabot plus de facilité pour mordre ſur le bois. Le Tonnelier d'une main fait tourner ſon fût dans la ſelle à rogner, tandis que de l'autre il travaille la partie de la circonférence qui ſe préſente devant lui.

Le tonneau étant toujours placé dans la ſelle à rogner, il s'agit pour lors de pratiquer l'eſpece de rainure dans laquelle doit entrer le fond, & qu'on nomme *Jable*. Le Tonnelier a un outil qu'il nomme *Jabloire*. C'eſt une eſpece de ſcie ou de *truſquin* (*Pl. II*, *fig.* 2, 6, 7 & 8), deſtiné à former une rainure de deux ou trois lignes de profondeur dans l'intérieur des douves, environ à deux pouces & demi ſur les poinçons, & un pouce trois quarts ſur les quarts.

Son tonneau étant bien aſſujetti, après avoir mis la petite plaque de fer garnie de dents qui doit former la rainure à la diſtance convenable, il promene la jabloire (*Pl. V*, *fig.* 9) tout autour de ſon tonneau intérieurement, en ne lui faiſant changer de poſition dans la ſelle à rogner, que lorſqu'il voit la rainure bien formée. Il ſe tient encore de côté pour la pratiquer, & appuie ſur l'outil en l'amenant à lui. La piece de bois *a* (*Pl. II*, *fig.* 2), où eſt retenue la traverſe qui tient la petite ſcie, porte le long des douves : ainſi, ſi elles ont été rognées également, le Tonnelier eſt ſûr auſſi que ſon jable ſera régulier.

Dans des atteliers de tonnellerie, où chaque ouvrier a son district, c'est une malice du Rogneur de donner à un Apprentif un fût mal rogné, pour lui faire son jable, qui jamais pour lors ne peut être parfait; car, comme nous l'avons vu, la jabloire suivant le contour de la circonférence du tonneau, les mêmes irrégularités de cette partie se trouveront sur le contour de la circonférence du jable.

Cette opération ne demande pas de la part de l'Ouvrier qui forme le jable une grande adresse; elle exige seulement de la force & une attention scrupuleuse, pour qu'il ne donne pas à la rainure plus de profondeur en un endroit qu'en un autre. La douve qui auroit été creusée davantage, seroit trop affoiblie dans cette partie, & elle casseroit, comme il n'arrive que trop fréquemment aux tonneaux.

L'Ouvrier doit plutôt observer l'épaisseur de ses douves, que le mouvement qu'il donne à son outil. En consultant l'explication des figures, on verra que la petite piece de la jabloire, qui est taillée en dents de scie, porte dans une petite palette de tôle, & que la scie ne doit déborder la palette que de la profondeur que l'on veut donner à la rainure du jable. Ainsi quand une fois la scie a enlevé cette quantité, la palette porte alors sur la douve, & l'outil ne peut plus mordre. Mais quelquefois la douve rentre en dedans, & elle a moins d'épaisseur dans cette partie où l'on forme le jable; & c'est dans ce cas où l'Ouvrier ne doit ouvrir sa rainure que d'après l'observation qu'il a faite de la partie qu'il va travailler.

Quand, au lieu d'un poinçon, l'Ouvrier forme le jable d'un quart ou d'un quarteau, il n'est point nécessaire de les porter dans la selle à rogner pour les rogner & pour les jabler. Il se sert d'un autre moyen plus expéditif.

Il met son quarteau en long sur une piece ou poinçon qui porte sur un de ses fonds. C'est un vieux poinçon défoncé (le premier qui se rencontre) qui sert ordinairement à cet usage. L'Ouvrier passe une corde par le bondon de cette vieille futaille, & en attache une de ses extrémités, tandis que l'autre côté de la corde pose sur le quart qu'il veut rogner. A cette seconde extrémité de la corde, le Tonnelier ajuste une pierre qui, par sa pesanteur, fait appuyer la corde sur le quart, & l'assujettit assez solidement, pour que le Tonnelier puisse le travailler. Pour le contenir, il met encore quelquefois le pied sur la pierre dont nous parlons.

Le Tonnelier passe encore son bras gauche par-dessus le quart, tandis que de la main droite il le rogne, & forme ensuite le jable, comme nous l'avons détaillé pour les poinçons.

Le jable fait, le Tonnelier peut arranger les fonds qui doivent fermer les deux dernieres parties de son tonneau, & les mettre en place, comme nous allons le décrire dans l'article suivant.

ARTICLE IV.

De la construction des Fonds des Tonneaux, & des moyens qu'emploie le Tonnelier pour les mettre en place.

QUAND le tonneau est *monté*, *rogné* & *jablé*, le Tonnelier va chercher le traversin qu'il a dressé & préparé, comme nous l'avons expliqué, & s'en sert pour former les fonds de son tonneau.

On peut se rappeller que nous avons déja dit qu'un fond est ordinairement composé de plusieurs pieces, souvent de cinq (*Pl. V*, *fig.* 23), d'une plus large *a* que les autres, qui fait le milieu du fond, & que l'on nomme *Maîtresse piece*; de deux autres *b*, *b*, qui sont à chacun des côtés de celle-ci, qu'on nomme *Aisselieres*; & de deux dernieres *c*, *c*, qui terminent le fond, qu'on appelle *Chanteaux*. Le Tonnelier qui ménage le bois, se sert de deux petites planches pour former ces deux dernieres pieces. Il s'en rencontre souvent qu'il a rebutées, parce qu'ayant ôté les parties défectueuses, elles sont devenues trop courtes. Celles-là sont encore bonnes pour en faire des chanteaux. Quelquefois, quand son traversin porte de larges dimensions, au lieu de cinq pieces, il n'emploie que quatre planches (*fig.* 22): deux *a*, *a*, dont la réunion est au milieu du fond, & les deux chanteaux *b*, *b*. Si au contraire son traversin porte peu de largeur, il compose son fond de six pieces (*fig.* 21); il met deux maîtresses pieces *a*, *a*, deux aisselieres *b*, *b*, & deux chanteaux *c*, *c*. Ces cinq, ces quatre, ou ces six planches étant arrangées, le Tonnelier conduit par la routine, plutôt qu'instruit des regles de la Géométrie, prend son compas, & l'ouvre de la sixieme partie de la circonférence de son tonneau. En prenant cette mesure dans le jable, il place (*Pl. V*, *fig.* 5) une des branches de son compas dans le centre de ses planches vers le milieu de celle qui doit former la maîtresse piece. Pour retenir le traversin, il pose ces pieces sur le fût: il met son sergent sur sa piece pour porter les planches qui vont former le fond. Il les embrasse d'une main en les serrant contre son corps, tandis que de l'autre il trace son cercle. Il porte ensuite chacune de ces planches sur la selle à tailler; & en l'assujettissant (*Pl. V*, *fig.* 6) sur le banc avec le genou, il scie les planches avec la *scie* ou le *feuillet à tourner*, en suivant le trait marqué par le compas, & laissant ce trait franc, c'est-à-dire, apparent & en dedans. Après cette opération, il forme un biseau sur l'endroit coupé avec la scie sur tout le contour du fond, pour que ces planches qui doivent servir à sa construction, puissent entrer dans la feuillure qu'il a fait au tonneau, & que l'on nomme *Jable*.

Pour faire ce biseau, le Tonnelier met chacune des planches du fond sous la serre de la selle à tailler. Il la retient, en appuyant ses pieds sur la traverse

au-dessous

au-dessous du banc ; & avec la plane, il commence par bien arrondir son fond, en suivant le trait : il finit par ôter en biseau l'épaisseur des planches à la distance d'un demi-pouce sur toute la circonférence du fond. Ce biseau doit avoir à peu-près la même hauteur que l'on a donnée au chanfrein ou *pas-d'asse* qui contourne la circonférence des extrémités du tonneau qu'on construit. C'est une regle entre les Tonneliers dont j'ignore la raison. Il renverse ensuite chaque planche, & en pratique autant sur cette derniere surface. Il ne reste plus ensuite qu'à mettre en place ses fonds ainsi travaillés. Et voici comme le Tonnelier s'y prend pour achever cette opération.

Il commence par lâcher les cercles de la premiere bande du tonneau, en les faisant remonter. Il met (*Pl. VI, fig.* 1) dans la rainure qu'on nomme *Jable*, la premiere piece du fond appellée *Chanteau.* Il fait entrer ensuite dans le jable & approcher du chanteau la seconde piece qui sera l'aisseliere. Il place de même de l'autre côté de la circonférence du tonneau, le chanteau, ensuite la seconde aisseliere ; & il frappe sur l'épaisseur des deux aisselieres pour les faire entrer dans le jable & s'approcher de la planche voisine, en retenant les douves avec la *tire à barrer*, pour faciliter l'entrée de ces pieces dans le jable. Mais pour mettre en place la derniere planche, celle que l'on appelle la *Maîtresse-piece*, comme le Tonnelier n'a plus la liberté de passer la main pour soutenir en dessous les planches, il se sert du *tire-fond.* C'est une espece de piton de fer (*Pl. I, fig.* 8) dont la meche ou pointe porte quelques pas de vis fort larges, pour qu'il ne perce pas la planche d'outre en outre. Il enfonce ce tire-fond dans la planche destinée à former la maîtresse-piece, & la soutient, de peur qu'elle n'entre trop & ne tombe dans la futaille. Il appuie cependant assez sur le tire-fond, pour l'obliger d'entrer dans la rainure du jable.

Quand cette planche a passé le jable, & qu'elle est trop entrée, le Tonnelier, pour la faire revenir, emploie le manche de la *tire à barrer*, qu'il passe dans la tête du tire-fond, qui, comme nous l'avons dit, est formée en anneau ; & tandis qu'il se sert de la tire comme de levier, pour retenir la piece trop enfoncée, il frappe sur les planches voisines à petits coups *secs* & redoublés avec l'utinet (*Pl. II, fig.* 14), qui est un petit maillet à long manche. Il fait ainsi rentrer cette piece du fond dans le jable, & relever sa voisine, si elle en étoit sortie, & si elle se trouvoit placée trop bas.

Le Tonnelier remet ensuite les cercles de la premiere bande qu'il avoit ôtés, pour avoir la liberté de placer son fond. Il exécute la même manœuvre pour placer le second fond ; & son tonneau ainsi garni de ses deux fonds, est pour lors prêt à être livré.

Souvent il s'apperçoit en remettant les cercles, que son tonneau a *trop de fond*, ou qu'il n'en a pas assez. Quand il a *trop de fond*, les douves ne serrent pas les unes contre les autres, & le vin s'échapperoit. Quand son fond n'a pas assez de surface, qu'il est trop petit, les douves ne serrent point assez les pieces du fond; & ce dernier ne tient pas dans son jable.

Pour remédier au premier défaut, au *trop de fond*, le Tonnelier releve le cercle de la premiere bande. Il souleve avec le tire-fond la maîtresse-piece, & il la diminue sur les deux côtés qui forment une ligne droite, & sur celles qui portoient contre les pieces les plus proches. Il remet ensuite cette partie de fond en place, comme nous l'avons détaillé pour la premiere fois.

Quand le fond n'est pas assez grand, le Tonnelier se contente souvent de changer la maîtresse-piece, & d'en mettre une plus large à la place de celle-ci; mais il vaudroit beaucoup mieux refaire un nouveau fond. Il remet en place le cercle de la premiere bande qu'il lui a fallu ôter: il donne de la *serre* en frappant les cercles, & ses fonds pour lors sont bien soutenus.

Les Provençaux, pour former les fonds des barils destinés à contenir de l'huile, & de peur qu'elle ne s'échappe entre les planches qui forment le fond, les joignent encore avec plus de précaution.

Ils étendent le long de l'épaisseur du traversin une feuille de roseau qui garnit les intervalles qui pourroient être restés entre l'une & l'autre planche. Ils font encore entrer une pointe de fer, ou une petite cheville de bois qu'on nomme *Goujon*, dans l'épaisseur d'une des planches du fond, & ils le retiennent moitié dans l'une, & moitié dans l'autre des planches. Ce goujon sert à les assujettir, & à les empêcher de se déjetter par la chaleur, & conséquemment il rend le fond bien plus solide. On garnit souvent les fonds de ces pieces, futailles ou barils, d'une couche extérieure de plâtre, pour empêcher l'huile de transsuder & de se perdre.

Le tonneau garni de ses fonds & soutenu par des cercles, est en état d'être vendu & livré. Le Tonnelier, si l'acquéreur le desire, en lui livrant le tonneau, y pratique (*Pl. VI, fig.* 7) une ouverture au milieu d'une douve & à égale distance de ses deux extrémités sur le bouge de la piece. On la nomme l'*ouverture du bondon*. Elle est destinée à entonner le vin, ou la liqueur dont on doit emplir le tonneau.

On se sert, pour former cette ouverture, d'une espece de vrille ou tariere (*Pl. II, fig.* 17), appellée *Bondonniere*; & ordinairement celui qui est chargé de faire le trou du bondon, choisit la douve la plus large & la plus mauvaise. Les deux douves qui accompagnent celle-ci, peuvent même être défectueuses: pourvu qu'il ne s'y rencontre pas de trou ni de fentes qui puissent permettre au vin de se perdre en roulant le tonneau, on ne peut faire aucun reproche au Tonnelier.

L'usage a permis au Tonnelier d'employer ces trois douves défectueuses, parce qu'elles sont toujours destinées à former la partie supérieure du tonneau lorsqu'il est en place dans une cave. Ainsi les douves, ou ne porteront pas contre le vin, ou quand elles y porteroient, le vin n'agissant point sur elles par ſon propre poids comme ſur les autres, le bois de ces douves moins parfait, ne laiſſera pas perdre la liqueur. Tout bois de chêne, même celui que l'on nomme *Bois rouge* ou *vergeté*, pourvu qu'il ne puiſſe pas communiquer de mauvais goût au vin, peut être employé pour en former ces trois douves; & le Tonnelier peut livrer ainſi ſon tonneau.

Souvent ce n'eſt pas le Tonnelier qui forme le trou du bondon. Quand les tonneaux ſont deſtinés à être vendus à des Vignerons, ils ſe chargent eux-mêmes de faire cette derniere opération, pour laquelle il eſt néceſſaire ſeulement d'avoir une bondonniere. Il n'eſt pas difficile enſuite d'en faire l'uſage qui convient. Quelquefois dans un village il n'y a qu'une bondonniere que l'on ſe prête mutuellement.

Le Tonnelier prétexte, pour ne point former l'ouverture du bondon, qu'elle donneroit une entrée aux ordures dans les pieces ou tonneaux, qui pourroient leur communiquer un goût de fût; que les rats & les ſouris pourroient s'y établir: mais la principale raiſon qui les engage à ne la pas pratiquer, c'eſt qu'elle faciliteroit au particulier le moyen d'examiner l'intérieur de la futaille. Le Marchand donne encore à l'acquéreur d'autres raiſons; mais c'eſt là preſque toujours celle qui le conduit.

La bondonniere eſt une tariere emmanchée dans une traverſe de bois. Le fer en eſt court. La meche eſt conique: le bout eſt terminé en pointe, & eſt tourné en vis. L'autre extrémité du cône ou de la *mêche* vers ſa baſe, eſt fort ouverte, parce que l'ouverture qu'elle doit former, doit être aſſez grande pour qu'elle donne toute facilité à entonner le vin dont on doit emplir le futaille. La façon de ſe ſervir de la bondonniere eſt trop aiſée à imaginer, pour exiger de plus amples détails. Il faut ſeulement opérer doucement, afin de ne point fendre la planche que l'on veut percer. Le vin entonné, on ferme cette ouverture avec un bouchon de bois du même diametre, appellé *bondon.*

Le Tonnelier a eu l'attention, en plaçant ſon fond, d'examiner les douves défectueuſes, celles qui ſont les plus mauvaiſes du tonneau; & il place ſon fond perpendiculairement à ces douves. C'eſt à celui qui fait le trou du bondon à reconnoître les douves défectueuſes qui ſont deſtinées à faire les parties ſupérieures du tonneau, pour y percer la bonde, ainſi que nous l'avons dit.

Le particulier qui achete des tonneaux, met, comme nous l'avons dit, dans ſes conventions, que quelques mois après les avoir emplis de liqueur, quand il le requerra, le Tonnelier viendra les *barrer* & les *ſommager.*

En expliquant quelques termes propres à l'art du Tonnelier, nous avons dit que *barrer* s'entendoit d'une barre ou planche que l'on plaçoit dans un ſens oppoſé à celui des planches qui formoient le fond, & que l'on ſoutenoit cette barre par pluſieurs chevilles. Ainſi on appelle *barrer une piece*, y mettre les barres qui doivent ſoutenir les fonds. On le dit auſſi des ouvertures qu'on fait pour poſer les chevilles qui doivent retenir les barres. Nous avons encore ajouté que *ſommager*, c'étoit placer les doubles cercles qu'on nomme *Sommiers*. Nous parlerons de cette ſeconde opération, en traitant de la façon de relier les tonneaux.

Quand le tonneau eſt plein de liqueur, que le vin a travaillé, qu'il a eu le temps d'imbiber les fonds, chaque piece du fond ſe renfle & s'alonge au point de jetter les douves & de caſſer les cercles. Pour prévenir ces accidents, on a deux moyens qu'on met en uſage. Le premier conſiſte à retoucher les fonds; le ſecond à les *barrer*.

Pour remédier à l'inconvénient d'un fond qui s'eſt gonflé, ou qui a du *trop-fond*, en terme d'ouvrier, le Tonnelier ôte un cercle ou deux de ſon tonneau vers les extrémités, & leve avec le tire-fond ſeulement la maîtreſſe-piece qu'il diminue de largeur ſur la colombe ſur les deux côtés qui avoiſinoient les deux aiſſelieres; & il la remet en place, comme nous l'avons décrit en parlant de ſa premiere conſtruction.

Quand les Tonneliers veulent épargner ſur le temps, & ménager le bois qu'ils emploient, au lieu de travailler la maîtreſſe-piece, ils ſoulevent le chanteau qu'ils diminuent ſur le côté qui touchoit l'aiſſeliere la plus proche. Ils ont ſur-tout cette pareſſe, quand il s'agit de ſubſtituer une piece à un fond qui n'a pas aſſez de dimenſion. Ils épargnent quelque choſe ſur la planche qu'ils emploient; & ils font un mauvais ouvrage, & qui n'eſt pas régulier. On ne peut retoucher ou changer que la maîtreſſe-piece, celle du milieu, quand on veut qu'on ne s'apperçoive pas de la mal-adreſſe & du peu de probité de l'Ouvrier.

Pour ſoutenir chaque planche & les empêcher de ſe coffiner, on doit donc encore *barrer les fonds*.

La barre (*Pl. V, fig.* 19) dont on ſe ſert ordinairement pour ſoutenir les fonds, eſt compoſée d'une piece de bois *a* de la longueur du diametre du fond. Ainſi ſa longueur doit varier ſuivant les dimenſions de la piece dont elle doit ſoutenir les fonds. Elle a environ 4 pouces de largeur ſur un pouce d'épaiſſeur. Cette barre eſt ſouvent faite de bois de chêne, garni de ſon aubour, & l'on s'inquiete peu de ſa qualité. Comme c'eſt un ouvrage qui ſe fait dans la forêt, nous ne le détaillerons point ici.

Le Tonnelier dreſſe ſeulement cette barre avec la doloire & la plaine, & pratique ſur chacune de ſes extrémités un biſeau *b* de cinq à ſix pouces, qui ſe termine à l'endroit où ceſſent de porter les chevilles *c*, (*fig.* 18) dont nous allons parler, & qui doivent la retenir. Ils achetent les barres au cent, ainſi que ces chevilles.

Il commence par former dans les douves les ouvertures où doivent ſe poſer les chevilles qui ſont deſtinées à retenir la barre. Il ſe ſert pour cela du *barroir*, ou de la *vrille à barrer* (*Pl. II, fig.* 16). C'eſt une tariere dont le fer eſt fort long, & la meche fort étroite. Nous allons en dire la raiſon.

Le

Le Tonnelier (*Pl. VI, fig. 6*) fait premiérement avec cette tariere les trous qui doivent porter les chevilles du côté de la circonférence du jable, qui est la plus éloignée de lui. La tige qui porte la vrille est fort longue, pour qu'elle puisse traverser la futaille. Il a l'attention de former ces ouvertures à deux pouces au-dessus du fond, pour laisser l'épaisseur de la barre. Il place une extrémité de la barre sous les chevilles qu'il a enfoncées dans les trous faits au jable, & au-dessus d'un des fonds. Mais pour baisser la barre, & assujettir l'autre côté par les chevilles, sur-tout lorsque les planches du fond sont *bouges*, & faire porter cette seconde partie de la barre sur le fond, il faut que le Tonnelier ait recours à la *tire à barrer*, ou *tiretoir* (*Pl. II, fig.* 11). Il saisit avec le crochet de fer *a* de cet outil, un cercle qui lui sert de point d'appui; & plaçant l'extrémité *b* de la tire à barrer sur la barre, il leve le manche, & s'en sert comme de levier pour faire baisser la barre, jusqu'à ce qu'elle porte sur le fond. Il l'y retient par des chevilles pareilles aux premieres.

Les chevilles des Tonneliers avec lesquelles ils retiennent les barres & assujettissent les pieces des fonds d'un fût ou d'une futaille, sont ordinairement de chêne. Dans quelques endroits on les forme cependant de peuplier, de saule ou de bouleau. Nous ne parlerons point encore des moyens employés pour les fendre. C'est l'ouvrage des Ouvriers *fendeurs*. Nous dirons seulement qu'elles sont équarries, & qu'elles portent 4 à 5 pouces de longueur. Le Tonnelier les pose & les frappe dans les trous qu'il a faits aux douves au-dessus de la barre.

L'usage de quelques Provinces est de garnir la barre de 4 à 5 chevilles sur chacune de ses extrémités; & dans d'autres, on n'en met que deux fort petites (*fig.* 15). En Bourgogne, les Tonneliers en mettent beaucoup plus: ils en garnissent presque toute la circonférence des fonds d'une futaille (*fig.* 17). Il leur faut pour lors donner beaucoup plus de longueur; & elles ont 7 à 8 pouces. Nous ferons remarquer dans un moment, que les chevilles ont d'autant plus de force, qu'elles portent sur les cercles doubles appellés *Sommiers*.

Il paroîtroit que l'on pourroit prévenir un des inconvénients que nous venons de détailler du *trop-fond*, & des bois qui renflent quelque temps après que l'on a rempli le tonneau de liqueur. Si l'on commençoit par placer la barre avant d'y mettre le vin, cette barre retiendroit le bois qui, en renflant, demande à s'écarter. Mais le Tonnelier a de bonnes raisons pour ne la placer que quand les bois imbibés ont fait leur effet.

1°. Il est plus avantageux que le bois soit humide & gonflé, pour former sur l'extrémité des douves les trous qui doivent porter les chevilles. Si le bois étoit sec, il fendroit, & la douve deviendroit défectueuse.

2°. Le Tonnelier formeroit ses trous trop bas; & le bois venant à se gonfler & à s'alonger, on ne pourroit plus retoucher le fond ; & les trous des chevilles se trouvant pour lors mal placés, nuiroient au changement qu'on auroit été maître de faire au fond de la piece, dont toutes les parties auroient augmenté de volume.

Enfin, c'est un ouvrage que le Tonnelier remet à l'hyver; & c'est un temps où il est plus tranquille & moins surchargé d'autres besognes qui se trouvent réunies dans celui où l'on tire les vins.

ARTICLE V.

Du Reliage des Tonneaux ; des moyens employés pour placer les Cercles à une Futaille neuve, ou en remettre de neufs à une vieille dont quelques Cercles viendroient à manquer.

COMME les Tonneliers construisent des pieces, fûts ou futailles, cuves, poinçons, &c, de différentes grandeurs, & que les cercles deviennent les liens des douves qui servent à les former, ils doivent faire provision de cercles ou cerceaux de différentes dimensions, force, longueur & largeur. Il ne seroit plus temps d'en faire l'acquisition quand on viendroit chercher le Tonnelier pour relier une piece dont plusieurs cercles auroient déja manqué.

On est convenu d'appeller *Cercles* plus communément ceux des grands vaisseaux, comme cuves, cuviers, baignoires, &c : *Cerceaux*, de plus petits qui servent pour les barils, fûts, futailles, &c.

Le Tonnelier doit se munir de cercles pour les cuves, les baignoires, cuviers ; & de cerceaux pour les futailles, tonneaux, quarts, &c.

Différents bois servent à former des cercles. Les meilleurs sont ceux de chêne, de châtaignier, de noyer, d'orme, merisier, laurier-cerise, épine, &c. On en fait encore avec du coudrier, & avec de jeunes branches de mûrier. Ce bois est très-tendre & pliant ; ce qui engage à l'employer particuliérement en cerceaux pour les petits barils. On en forme aussi avec le frêne ; & de moindre qualité, avec le bouleau, le saule, le peuplier & autres bois blancs. Ces derniers se fendent aisément ; mais ils pourrissent très-promptement.

Nous n'entrerons pas dans des détails sur la fabrique des cercles. Ce seroit sortir de notre objet, puisque le Tonnelier les achete tout faits. Nous dirons seulement que l'on se sert de jeunes *taillis*, dont les pousses sont coupées tous les 10 à 12 ans ; qu'on les fend, & qu'on les façonne en cercles.

Le Tonnelier achete ses cercles en *rouelle*, *meule* ou *botte*, composées de plus ou moins de cercles ou cerceaux, suivant l'usage du pays d'où il les tire, & la grosseur du cercle. Les plus grands cercles que l'on prépare dans la forêt d'Orléans, ont 39 à 40 pieds de long.

Les plus petits cercles de cuves ont 18 pieds de long.

Les cercles de cuves s'arrangent six à six, & se vendent ainsi au *sixain*.

Les cercles de tonneau ou demi-piece sont liés quatre par quatre l'un dans l'autre, & forment une rangée.

Six rangées composent ce qu'on appelle une *Rouelle*. Ainsi la rouelle contient 24 cercles qui sont retenus & liés ensemble (*Pl. IV, fig.* 10).

Six rouelles font une *pile*, & sept piles passent pour un *millier*, quoiqu'il contienne 1008 cercles. Les 42 rouelles forment ce que le Tonnelier achete pour un millier.

Les cercles pour les pieces de 4 sont nommés *Cercles de plein-pied*. La rouelle de ces cercles n'est composée que de douze cercles, six rouelles à la pile, & sept piles au millier. Ils se livrent au même prix que les premiers dont nous avons parlé. Mais comme ils ont de plus grandes dimensions, on les vend moitié moins en nombre.

Le cerceau doit être garni de son écorce, point ver-moulu, ni trop cassant. On est obligé dans la forêt, pour le conserver souple, & de peur qu'il ne seche trop étant mis en meule, de le couvrir de broussailles ou de copeaux. Quand une fois il est vendu au Tonnelier, c'est à lui à le tenir dans un lieu frais pour le conserver souple.

Nous avons laissé le tonneau garni seulement de 4 cercles, pour retenir les douves & ses deux fonds. Les Tonneliers qui vendent les tonneaux neufs, & qui en font trafic en gros, ou qui en envoient dans les Isles, souvent les démontent, en numérotent les pieces, & les envoient ainsi en planches; ce qu'ils appellent *en botte*. Une seule piece en renferme plusieurs démontées. Les pieces tiennent moins de place; le transport en devient bien plus aisé. Ils envoient les fonds à part, & les cerceaux en *mottes* ou *bottes*. C'est l'ouvrage du Tonnelier auquel ils les adressent, de retrouver les planches de chaque piece numérotées, & de les relier, lorsqu'elles sont arrivées à leur destination.

A Orléans, le tonneau ou poinçon neuf n'a que dix cercles quand le Tonnelier le livre. Quelques mois après qu'il a été vendu, le Tonnelier vient le garnir de 8 autres cercles. Il ajoute 4 cercles de chaque côté du bondon sur ce qu'on appelle le *Bouge*, ou le ventre du tonneau *a a* (*Pl. VI, fig.* 21). Il ôte aussi les deux derniers cercles le plus près des extrémités du tonneau, & en remet deux doubles qu'on appelle *Sommiers b*. On donne le nom de *Sommier* (*fig.* 22), à deux cercles posés l'un dans l'autre, liés chacun comme tous les cercles avec l'osier; & qui, après avoir été doublés, sont encore liés ensemble. Les sommiers ont plus de force; & étant plus épais, ils portent à terre quand on roule la futaille, & épargnent aux jables le choc & les frotements qui pourroient les endommager. Les sommiers sont encore destinés à servir de point d'appui aux chevilles de la barre. *Sommager*, c'eſt donc placer les *ſommiers*.

Chaque pays a ſa façon de placer les cercles. Nous avons dit qu'à Orléans on en met 18, cinq contre le jable, & quatre contre le bondon ou ſur le bouge. Quelquefois, au lieu de ſéparer les cercles, les Tonneliers les ſerrent l'un contre l'autre, & ne laiſſent point d'eſpace entr'eux ; ce que l'on appelle *relier en plein*, (*fig.* 20).

A Paris, les Tonneliers ne garniſſent les tonneaux ou poinçons que de 14 cercles, quatre ſur le jable, qu'ils nomment le *Talus*, le *Sommier*, le *Collet* & le *Sous-Collet*, ou le premier & le deuxieme collet; & trois autres, dont le dernier, le plus près du bondon, eſt le ſeul qui porte un nom. Ils le nomment le *premier en bouge*, ou *ſur le bouge*. Cette quantité de cercles varie encore, ſuivant qu'ils ſont plus ou moins larges & forts. Le plus dont on garniſſe un tonneau, eſt de quatorze, vingt-deux, vingt-quatre.

Un tonneau, fût ou futaille dans ce dernier état, lorſqu'il a ſes cerceaux, ſes fonds & ſes barres garnies de chevilles, ſe nomme *Futaille montée*.

Nous allons expliquer la façon de placer un de ces cercles ; ce qui ſuffira, puiſque c'eſt la même manœuvre qui ſe répete pour les autres.

Le Tonnelier, pour relier un tonneau, prend un cercle, & le préſente ſur le tonneau, à l'endroit où il veut le placer. Voici comme il donne au cercle la longueur qu'il doit avoir pour ſerrer la partie où il ſera mis. Il tient d'une main une extrémité de ſon cercle, & de l'autre main l'autre extrémité du cercle, mais environ aux trois quarts de ſa longueur.

La premiere main appuie l'extrémité du cercle contre une douve à un endroit que le Tonnelier remarque. Dans ce temps, la partie moyenne du cercle eſt élevée en l'air. Il fait avec ſon autre main porter ſucceſſivement chaque partie du cercle contre ſon tonneau, ſans faire quitter de place à ſa premiere main. Seulement quand la moyenne partie du cercle porte contre le tonneau, cette main éleve la premiere portion du cercle, & la porte un peu en haut ; & il promene ainſi chaque partie du cercle ſur chaque partie du tonneau à l'endroit où il doit être mis. Il remarque l'endroit du cercle qui répond à la premiere partie où a été placée l'extrémité de ſon cercle, & il fait rejoindre avec ſes deux mains cette extrémité à l'endroit marqué. Il laiſſe une portion du cercle pour déborder cette premiere, & il retranche le reſte du cercle qui deviendroit inutile (*fig.* 3). Il eſt ſûr avec ces précautions de donner au cercle le diametre de la partie du tonneau ſur laquelle il a deſſein de le poſer. Pour lui donner ce qu'ils appellent de la *ſerre*, il fait rentrer un peu l'extrémité du cercle en dedans, & retient d'une main les deux parties du cercle qui ſe recouvrent l'une ſur l'autre, & qui tendroient par leur reſſort à s'approcher de la ligne droite, tandis que de l'autre main, il fait ſur le tranchant du cercle deux entailles avec la *cochoire*, à une certaine diſtance des extrémités du cercle. En enlevant le bois qui ſe trouve entre chaque entaille, & formant ce qu'on appelle une *Coche*, il le retient toujours dans cette poſition, & l'y aſſujettit avec l'oſier.

L'oſier eſt fait de jeunes branches de certaines eſpeces de ſaule (*). On les coupe tous les ans pour être employées à cet uſage. La branche doit être fendue, c'eſt-à-dire, que chaque brin doit être pris dans une branche ſéparée; & à Orléans, quand on les deſtine à lier & retenir les cercles, on la partage en trois ou en quatre ſuivant la direction des fibres du bois. Le Tonnelier à Paris l'achete tout fendu en *botte*, en *molle* ou *torche*, compoſée de 150 brins de trois à quatre pieds de long (*Pl. IV, fig.* 11). Les Tonneliers dans les Provinces, achetent ſouvent l'oſier des Vignerons qui le cultivent & le fendent eux-mêmes. Nous donnerons à la fin de la deſcription de cet Art les moyens employés pour partager l'oſier. Le Tonnelier conſerve dans ſa cave l'oſier fendu; & avant de s'en ſervir, il a la précaution de le mettre tremper pendant quelques heures dans l'eau, pour qu'il devienne plus ſouple.

Le Tonnelier, après avoir réuni les deux extrémités du cercle, & après avoir placées l'une ſur l'autre les deux entailles qu'il a faites, pour que l'ouverture du cercle ait la dimenſion du tonneau à l'endroit où il deſire le placer, il approche l'une ſur l'autre les deux entailles dont nous avons parlé; & retenant le cercle d'une main, il prend de l'autre deux brins d'oſier. Il en caſſe le bois vers une de leurs extrémités, & ne laiſſe que l'écorce pour diminuer l'épaiſſeur, ſeulement dans cette partie de l'oſier. Il paſſe ces extrémités moins épaiſſes entre les parties du cercle qui ſe recouvrent. Il fait pluſieurs tours ſur le cercle pour les bien aſſujettir. Il continue ainſi d'entourer d'oſier & de lier enſemble les deux extrémités du cercle. Il garnit d'oſier les entailles, & finit par paſſer les bouts de l'oſier ſous le dernier tour qu'il vient de faire: il ſerre les brins, & par cette eſpece de nœud arrête ſon oſier. Il coupe ce qui déborde, en le faiſant porter ſur le jable de ſon tonneau & frappant deſſus avec la cochoire, ou, il le coupe avec une ſerpette. Il arrive ſouvent qu'un des brins de ſon oſier eſt plus court que l'autre: pour lors il ſupplée à celui qui manque de longueur, par un nouveau brin qu'il maintient par un nœud ſemblable à celui que nous venons de décrire.

Le Tonnelier lie encore ſon cercle avec de l'oſier à deux autres endroits différents. L'un très-près des extrémités du cercle; & l'autre entre ce dernier lien & le premier, ſous lequel ſe trouvent les entailles ou les coches dont

(*) Chaque Province donne ſouvent un nom différent aux eſpeces de ſaules que l'on y cultive, & dont les Vanniers emploient les branches entieres & dépouillées de leurs écorces, ou que l'on vend aux Tonneliers pour relier les tonneaux, quand on a fendu chaque branche avec ſon écorce.

Voici les eſpeces qu'on cultive le plus communément pour les employer à cet uſage.

Salix vulgaris rubens, *C. B.* Oſier rouge des vignes, le ſeul qui puiſſe être employé par les Tonneliers.

Salix ſativa lutea, folio crenato; c'eſt-à-dire, Oſier jaune.

Salix vulgaris nigricans, folio non ſerrato; c'eſt-à-dire: oſier blanc. Il eſt connu ſous ce nom par les Vignerons.

Salix oblongo incano acutoque folio; c'eſt-à-dire: Oſier-moulard.

nous venons de parler. Il ne s'agit plus que de mettre en place ce cercle lié en trois endroits, ainsi que nous venons de le dire.

Le Tonnelier a l'attention de poser son cercle, de façon que les coches ou entailles qu'il y a faites, soient en-dessus, & la ligature principale du côté où doit être le bondon. Il se sert, pour mettre les derniers cercles en place, de la *tire à cercle* ou du *tiretoir* (*Pl. VI*, *fig.* 4).

Après avoir placé la moitié de la circonférence du cercle sur les douves, il saisit avec le crochet de fer que porte le tiretoir, l'autre partie du cercle opposée à cette premiere; & appuyant sur le dehors de la piece le bout applati du tiretoir, en pesant sur le levier qui sert de manche à l'outil, il amene à lui le cerceau, & fait prêter le cercle au contour du tonneau. Il appuie en même temps le genou sur son cercle pour l'empêcher de *revenir*. Il engage encore les douves à se prêter à l'entrée du cercle, par quelques coups de *maillet* qu'il leur donne à différents endroits; enfin il enfonce le cercle & le chasse avec le maillet.

Pour faire entrer les cercles plus aisément, & pouvoir les frapper sans risquer de les endommager, il se sert du *chassoir*, qui est un coin de bois dont les deux extrémités sont coupées: il le tient dans la main (*fig.* 5), & le pose sur le cercle qu'il veut faire entrer. Il frappe à coups redoublés sur le chassoir; il contourne ainsi le cercle, en faisant toujours suivre le chassoir, & contraint ainsi le cercle de descendre jusqu'à l'endroit du tonneau où il veut le poser. Il a encore l'attention, pour rendre le bois moins coulant, ou plutôt pour imbiber l'humidité, & pour que le cercle une fois enfoncé d'un côté, ne revienne pas en le frappant sur l'autre, de le frotter avec de la craie, ainsi que l'endroit du tonneau où il doit le placer.

On retient les petits cerceaux qu'on destine pour de petits barils, sans se servir de brins d'osier. Cette manœuvre plus courte consiste à pratiquer sur la largeur de ces cercles deux petites entailles (*fig.* 23) à chacune de leurs extrémités: la premiere, sur une épaisseur du cercle; la seconde sur l'autre. En faisant entrer les deux entailles l'une dans l'autre, & plaçant les deux extrémités du cerceau en dedans, on forme une espece de nœud qui acquiert d'autant plus de solidité, que l'on a eu plus de peine à faire entrer le cerceau sur les douves qui forment le baril.

Quelquefois, quand il s'agit de retenir des douves pour former un vaisseau auquel on ne veut pas prêter grande attention & mettre beaucoup de propreté, on se contente de passer les deux extrémités du cercle l'une sur l'autre, sans pratiquer d'entaille; la pression seule empêche que les deux extrémités ne se séparent, quand on vient à les mettre en place (*fig.* 24).

Les cercles pourrissent plus promptement dans les caves & les celliers où l'on dépose les tonneaux, que les douves. Aussi est-on obligé de veiller à l'entretien des cercles, pour ne point perdre le vin que renferment les tonneaux ; & on les fait relier ſouvent. Les pieces dans quelques caves humides qui ont peu d'air, pourriſſent & ſe perdent plus promptement que dans d'autres. Celles-là exigent plus d'attention. Regarnir le tonneau de nouveaux cercles, ou ce qu'on appelle le *relier*, eſt du reſſort du Tonnelier.

Si l'on craint encore, qu'en remuant une piece qui renferme du vin, ou tirant le vin qu'elle contient, les derniers cercles de la piece ne viennent à manquer, au riſque de perdre la liqueur, on en prévient le Tonnelier qui répond de la perte s'il en arrive. Il ſe charge pour lors de pluſieurs cercles de fer (*Pl. IV*, *fig.* 1). Ces cercles ſont formés de pluſieurs bandes de fer applaties & circulaires (*fig.* 2 & 3), qui ſe joignent les unes avec les autres par le moyen d'un crochet que porte une de ces bandes (*fig.* 3), qui entre dans l'une & l'autre des ouvertures que l'on a faites ſur la ſeconde bande de fer, & qui laiſſe ainſi la liberté de ſerrer plus ou moins le cercle, & de le rendre ou plus grand, ou plus petit, ſuivant la groſſeur de la piece à laquelle on veut l'adapter. On reſſerre ce cercle de fer ſur la piece à l'aide d'un écrou *a* que l'on tourne avec la clef *b*, (*fig.* 4). Le Tonnelier garnit la piece de deux de ces cercles, & il la met ainſi en état d'être remuée, ou d'en tirer le vin. Le propriétaire devient enſuite le maître, ſi les douves ſont encore bonnes, de faire relier ſa piece, & d'y remettre de nouveau vin, ou le même, ſi ſon deſſein n'étoit pas de le mettre en bouteille.

Dans les Provinces, où ſouvent les Tonneliers n'ont pas de cercles de fer, ils ſe ſervent d'une corde dont ils entourent le poinçon, & ils la ſerrent avec un *Garreau*.

Quelquefois on s'apperçoit qu'une des douves d'une futaille laiſſe échapper le vin ; pour lors on ſe ſert du même moyen : on tranſvuide le vin dans une autre piece, & le Tonnelier ſubſtitue une nouvelle douve pour remplacer celle qui eſt défectueuſe.

Quelques Tonneliers ſe ſont propoſé, comme chef-d'œuvre, de changer une douve d'une piece pleine de vin, ſans qu'il s'en perdît. On ſent que le mérite de ce problême ne réſide que dans la difficulté de l'exécution, puiſqu'il eſt toujours plus aiſé de ſoûtirer le vin dans une autre piece, & que l'on ſe rend par-là le maître de raccommoder aiſément la partie défectueuſe de celle que l'on a vuidée.

Dans l'exécution de ce chef-d'œuvre ou de cette preuve d'adreſſe, il ſe perd toujours un peu de liqueur, quand la piece eſt bien pleine ; mais le peu de temps que l'on emploie pour mettre en place la douve que l'on a apprêtée, le coup d'œil précis de celui qui l'ajuſte, contribue à remplir plus ou moins bien les conditions & les difficultés du problême.

Nous ne parlons pas ici de certaines adreſſes que les Tonneliers emploient pour cacher leurs fraudes ; comme de mettre à une douve une piece, aſſez adroitement, pour que l'œil ne puiſſe la diſtinguer : celle de boucher les fentes, ou d'empêcher qu'on n'apperçoive les défauts d'une douve, avec le mastic, &c; de boucher des trous de vers avec des épines de pommiers ou pruniers sauvages. Si ces trous se trouvent avoir été cachés sous des cercles, & que le vin se perde par cette ouverture, le propriétaire peut intenter un procès au Tonnelier, qui est condamné à payer les dommages qu'il a occasionnés par une négligence qu'il est impossible de reconnoître. Si le Tonnelier a négligé de boucher les *artuisons* à d'autres endroits visibles, c'est à l'acquéreur à y remédier.

Le Tonnelier ajuste souvent, & retient une partie d'une douve sous les cercles, pour rétablir une douve épeignée, c'est-à-dire, rompue dans le jable. La partie que l'on ajoute à cette douve pour la rétablir, se nomme *Peigne*.

Comme le jable est toujours la partie la plus foible dans une futaille, la rainure que l'on a pratiquée dans cette partie, étant prise sur la moitié de l'épaisseur des douves, & étant d'ailleurs souvent exposée à de très-grands chocs, une douve se rompt très-fréquemment dans cet endroit : aussi est-il permis au Tonnelier d'y remédier. Nous allons rapporter les moyens qu'on a coutume d'employer pour réparer ce dommage.

Pour mettre un peigne à une douve rompue dans le jable, le Tonnelier enleve les cercles qui portent sur le jable. Il choisit une partie d'une bonne douve de la même largeur que celle qu'il veut rétablir. Si cette partie est plus large, il la réduit à une largeur convenable sur la selle à tailler & sur la colombe. Il faut que cette portion de douve n'ait que la hauteur de la partie du jable que l'on veut rétablir, & de plus environ deux ou trois pouces, qui doivent servir, comme on va le voir, de recouvrement. Le Tonnelier coupe uniment la douve rompue dans le jable. Il se sert, pour la couper, de la petite scie à main (*Pl. II, fig.* 10). Il doit en avoir de différentes grandeurs. Les petites se nomment *Egoine*. Il l'unit, & enleve ensuite dans l'étendue de deux ou trois pouces une partie de l'épaisseur de la douve y formant un *talus*, de façon que la portion la plus mince de ce qu'il enleve, soit à l'extrémité de la douve rompue, qui se termine au jable.

Il présente sur cette douve la partie de celle qu'il veut y substituer, pour s'assurer si elle est de même largeur que celle qui est rompue. Il ne laisse aussi à celle-ci que 2 ou 3 pouces de plus que la hauteur du jable. Il forme le biseau qui doit se trouver en dedans à l'extrémité de la douve, & qui doit se rapporter avec celui qui est déja formé sur la circonférence intérieure du jable. Enfin il diminue l'épaisseur de cette partie de douve formant un biseau, de façon que la portion de cette douve la plus mince se trouve, à son extrémité, opposée au jable, & que la partie de la douve cassée, soit aussi diminuée d'épaisseur, de sorte que le peigne & la douve épeignée étant placées l'une sur l'autre, ne forment pas plus d'épaisseur, dans la partie du recouvrement, que sur tout le reste de leur longueur. L'extrémité de la douve rompue, coupée

uniment

uniment à l'endroit où commence à paroître le peigne qu'on y a substitué, forme le jable ou la rainure dans laquelle entre le fond.

On peut aisément mettre un peigne à une douve sans défoncer la piece, & même sans la vuider, quand cet accident arrive, lorsque la piece est remplie de liqueur. Les cercles que l'on pose sur la partie du recouvrement retiennent le peigne en place, & une *douve épeignée* devient presqu'aussi bonne qu'une entiere.

Si la douve se cassoit plus bas que le jable, il faudroit nécessairement lui en substituer une entiere, car il est défendu d'y mettre un peigne pour réparer ce défaut.

Souvent il faut encore avoir recours à des expédients pour arrêter la liqueur qui transsude d'une piece de vin; ce qui arrive quand les douves ou les pieces du fond ne joignent pas exactement. Le Tonnelier se sert pour lors de toile éfilée, & d'un petit couteau qu'il nomme *Etanchoir* (*Pl. II, fig.* 15); & il fait entrer cette charpie dans la fente. Il l'enduit ensuite de graisse, de cambouis, ou de suif, qui arrête la liqueur (*).

Selon les statuts des Tonneliers, une piece faite de bon bois, *sec*, *non pourri*, *rongé*, *vergé* ni *artuisoné*, & sans *aubour*, doit être marquée. Les Maîtres Tonneliers, pour marquer leurs pieces & les reconnoître, se servent d'un petit compas que l'on appelle *Rouane*, dont une branche est pointue, l'autre est plus courte & tranchante. C'est avec cet outil (*Pl. VI, fig.* 25), qu'ils tracent différentes figures : par exemple, des cercles coupés par des lignes, ou des demi-cercles. Ce sont autant de caracteres particuliers qui servent à faire reconnoître l'ouvrage de cet Artisan. Les Commis aux Aides & les Marchands de vin se servent aussi de la *rouane*. Les Tonneliers tracent leurs marques sur le fond du tonneau; & l'on appelle *rouané* tout ouvrage ou marchandise marquée avec la *rouane*.

ARTICLE VI.

Application de ce qui a été dit sur la construction des Futailles à celle de tous autres Vaisseaux qui sont du ressort du Tonnelier.

LES Tonneliers ne se bornent pas à faire des *tonnes*, *tonneaux*, *pipes*, *&c.* les *cuves*, *cuviers*, *baignoires*, *baquets*, *&c.* sont aussi de son ressort. Mais comme il y employe à peu près les mêmes moyens que nous avons suffisamment détaillés, nous laisserons au Lecteur à en faire l'application aux différents ouvrages que font les Tonneliers, & qui sont tous formés par des planches réunies, par des liens de bois ou de fer. Il nous suffira, je crois, de faire

(*) Les Tonneliers emploient quelquefois, pour garnir les intervalles qui se rencontrent entre deux douves par où s'échapperoit la liqueur, d'une espece de mastic formé avec des feuilles d'orme & de la graisse de mouton pilés ensemble.

remarquer que la forme de ces vaſes dépend toujours de celle que le Tonnelier donne à chaque douve, & qu'elle tient à la façon de les tailler. Le vaiſſeau variera plus ou moins de forme; 1°. ſuivant que le Tonnelier diminuera la largeur des extrémités du merrain, en conſervant celle du milieu; 2°, s'il diminue l'une de ſes extrémités, en ne diminuant point la largeur de l'autre: 3°, s'il bombe plus ou moins une des ſurfaces de ſon merrain; 4°, ſuivant la pente que donne le Tonnelier au chanfrein qu'il forme ſur ſon épaiſſeur. La figure des vaiſſeaux, tels que brocs, ſceaux, ſeilles, baignoires, petits cuviers propres à tirer le vin, dépend de cette différente taille qu'il donne au merrain; & ces vaſes changeront toujours de forme & de nom, ſuivant la figure que l'Ouvrier aura donnée aux douves dont il ſe ſera ſervi pour les former.

Pour bâtir les petites cuves, le Tonnelier prend du merrain de différentes dimenſions ſuivant la grandeur des cuves qu'il veut en conſtruire. Il le dreſſe comme nous l'avons décrit. Mais comme la figure de la cuve approche un peu de la forme d'un grand tonneau coupé vers le bondon, le Tonnelier diminue la douve de largeur, ſeulement ſur une de ſes extrémités, ſur celle qui doit former la partie inférieure de la cuve. Il travaille auſſi l'épaiſſeur de la douve en biſeau; il creuſe un peu la planche dans la ſurface qui doit être placée intérieurement dans la cuve, & rend l'autre un peu convexe (*Pl. VI, fig.* 28).

Lorſque les cuves ſont grandes, au lieu de merrain, on emploie du bois de ſciage, que l'on appelle dans la forêt d'Orléans du *Gobillard*. On le débite en planches de 4 à 6 pouces de large ſur 18 lignes & deux pouces d'épaiſſeur. Ce bois ſert pour faire des cuves qui contiennent depuis 4 poinçons juſqu'à 40.

Au lieu qu'aux tonneaux & barriques, la partie la plus étroite eſt du côté du jable, on fait à certaines cuves la partie du jable plus large que le haut de la cuve; ce qui s'appelle une *Cuve en tinette* (*Pl. III, fig.* 19), d'où il réſulte deux avantages. Le bois de la cuve venant à ſécher, les cercles ne coulent point; & l'on peut les rebattre, la cuve reſtant en place, ſans être obligé de la renverſer pour les ſerrer.

La pratique pour faire les cuves, eſt la même que pour bâtir les poinçons. Le Tonnelier prend la meſure des cercles ſur la circonférence de la cuve avec des oſiers, qu'il lie les uns au bout des autres, & il la rapporte ſur le cercle. Mais comme il ne peut l'aſſujettir avec la main pour le *cocher*, il paſſe les deux extrémités du cercle dans une coche de bois, & il les lie avec de l'oſier, comme ceux des poinçons.

Souvent les Tonneliers *goujonnent* les planches qui ſervent à former les cuves, c'eſt-à-dire, qu'ils placent entre les planches des chevilles de fer ou de bois appellées *Goujon*, qui entrent moitié dans une planche, moitié dans celle qui l'approche; ces goujons ſervent à donner plus de ſolidité à toutes les planches qui forment la cuve.

Il y a des provinces où l'on fait les cuves quarrées (*Pl. III, fig.* 22), alors on se sert de *moises* avec des coins pour serrer les planches. Cette pratique est moins sujette à réparation que celle des cuves rondes reliées avec des cercles & de l'osier. Mais comme ceci est du fait du Menuisier, nous n'entrerons pas ici dans un plus grand détail sur leur construction. Quelquefois on retient les cuves, quoique rondes, avec des traverses & des moises, au lieu de cercles; & pour lors on ceintre intérieurement les traverses, de façon qu'elles embrassent & serrent toutes les planches (*Pl. III, fig.* 23), qui composent la cuve. Ces planches sont taillées, comme nous allons l'expliquer pour la construction des cuves ordinaires.

Quand les cuves forment une portion réguliere de cercle, le Tonnelier arrange les douves, & frappe la derniere pour faire serrer les autres, & les retenir toutes.

Il est quelquefois besoin du bâtissoir pour faire revenir les douves du côté où la cuve est plus étroite. Ce bâtissoir (*Pl. I, fig.* 15) ressemble à celui dont nous avons donné la description & l'usage : il est seulement plus fort que celui qui est employé pour les tonneaux.

Pour former le jable qui doit retenir le fond de la cuve, le Tonnelier est obligé d'assujettir sa cuve sur le côté. Il prend la jabloire à cuve (*Pl. II, fig.* 5), qui est plus forte que celle pour les tonneaux. Cet outil doit former une rainure qui ait de la profondeur, & trois à quatre lignes de largeur. Aussi le fer *c* produit-il ici le même effet que le rabot ou bouvet que le Menuisier employe pour pousser des rainures. L'outil differe en ce qu'il tient à une piece de bois *a* par le moyen de deux tringles *f, f,* sur lesquelles le rabot peut avancer ou reculer. C'est ce qui regle, comme fait le *trusquin* du Menuisier, la distance où l'on veut placer la rainure. La jabloire forme une rainure dont le fond (*Pl. III, fig.* 20) n'est pas égal à l'ouverture, parce qu'on donnera aussi la même forme aux planches qui entreront dans cette espece de rainure. Le Tonnelier la forme en faisant changer de place à son outil, à mesure que la rainure est pratiquée, & en faisant passer plusieurs fois la jabloire dans la partie où il doit former le jable.

L'Ouvrier forme ensuite le fond de sa cuve. Il choisit de bonnes planches qu'il dresse, & dont il unit les épaisseurs, de façon que chacune porte dans toute sa longueur sur celle qui l'avoisine. Il arrange toutes ses planches sur un terrein uni : il les y retient avec des piquets qu'il enfonce en terre; & il trace le fond de sa cuve sur ces planches qui doivent le former.

Pour tracer cette circonférence, il mesure celle de la cuve avec le grand compas dont nous parlerons dans un moment. Il prend sa mesure dans le jable, & la sixieme partie de sa circonférence forme le rayon de son fond qu'il trace avec ce compas (*Pl. II, fig.* 21), sur des planches dressées & placées les unes contre les autres. Le compas à cuve est fait de deux tringles de bois qui sont applaties d'un côté. L'une des extrémités de ces tringles est fendue & partagée suivant son épaisseur, & permet à l'extrémité de la seconde d'entrer dans cette ouverture. Elles sont toutes deux traversées par une vis qui leur permet un mouvement de charniere, & forment la tête du compas.

Les deux autres extrémités de ces tringles sont pointues & garnies d'une pointe de fer. Environ au quart de leur longueur du côté de la tête du compas, est ajustée à l'une des branches une troisieme tringle de bois, formée en portion de cercle qui y est retenue par deux chevilles, & qui passe dans une entaille faite à une des branches du compas. Cette partie circulaire est destinée à assujettir le compas selon l'ouverture que l'on juge convenable. Ainsi lorsque le Tonnelier l'ouvre pour tracer son fond, il le maintient à l'aide d'une vis qui, par sa seule pression sur cette portion circulaire, retient le compas quand il lui a donné l'ouverture du rayon de la cuve qu'il a mesuré.

Le Tonnelier se regle sur ce trait pour scier les planches. Il forme sur tout le contour de son fond un biseau qui doit entrer dans la rainure faite à la cuve, ou dans le jable, & il le met en place.

Pour le faire entrer dans la feillure du jable, le Tonnelier se sert de la tire à barrer, ou tiretoir, pour les cuves (*Pl. II*, *fig.* 12). Cette tire est plus forte que celle pour les tonneaux. Avec le secours de cet outil, il pose les planches de fond comme nous l'avons dit en parlant des tonneaux.

Le Tonnelier a l'attention de pratiquer intérieurement sur le bout des planches qui doivent former le haut de la cuve une feillure, ou entaille à mi-bois d'environ un demi-pouce de profondeur, pour pouvoir (si l'on veut) *enfoncer la cuve*, c'est-à-dire, y mettre un second fond. On dispose ce second fond tout prêt à pouvoir être placé quand on le jugera à propos. Il est formé de plusieurs planches dressées, principalement sur leur champ: il les taille sur les dimensions de la surface supérieure de la cuve, & les conserve pour pouvoir enfoncer la cuve, ou y mettre ce second fond, quand on veut conserver du vin à clair pendant quelque temps dans la cuve. On fait pour lors entrer à force de la mousse entre les jointures des planches, & on les recouvre de terre grasse qu'on couvre de sable à la hauteur de deux, trois ou quatre pouces.

Les grandes cuves, (on en fait qui tiennent jusqu'à 40 pieces de vin avec leurs marcs), sont ordinairement cerclées de bandes de fer qui se resserrent avec des écroux ou des clavettes. Ceux-là durent plus long-temps, mais ils rompent quelquefois; & comme il y en a peu sur une cuve, la rupture d'un seul cercle suffit pour que tout le vin se perde.

Pour former les jâles & les baignoires (*Pl. III*, *fig.* 21), les Tonneliers tracent ordinairement sur le terrein la forme qu'ils veulent donner à ces vaisseaux. Les baignoires ont souvent la figure d'une ellipse; & pour tracer cette courbe, ils prennent trois centres. (Celui du milieu donne la forme aux deux

deux côtés de la baignoire qui reglent sa longueur : les deux autres centres établissent sa largeur). Pour tailler les douves de la baignoire, ils font usage du *crochet*, ou de l'espece de *paneau* ou *serche* dont nous avons déja parlé (*Pl. VI*, *fig.* 11, 12, 13. Ce crochet porte deux courbes (*fig.* 11) : l'une doit servir à donner la forme aux douves qui seront peu bombées sur leur surface extérieure, & qui sont destinées à être posées sur la longueur de la baignoire. L'autre côté du crochet présente une courbe très-bombée, & prescrira celle propre aux douves que l'on placera sur sa largeur. Le Tonnelier, quand il a taillé ses douves différemment, comme nous venons de le voir, suivant la place qu'elles doivent occuper, lie deux cercles. Il commence par leur donner un peu la forme de la baignoire, en les y contraignant avec la main. Il pose dans son cercle chaque douve, en les faisant porter sur le trait qu'il a fait sur le terrein ; & la différente taille des douves ne tarde pas à faire prendre la même figure au cercle qui doit ensuite la faire conserver aux douves une fois arrangées.

Les Tonneliers ont divisé les ouvrages de leur ressort ; & quoique dépendant tous de la même Communauté, les uns embrassent une partie, tandis que les autres s'attachent à une autre. A Paris, il y a des Tonneliers qui fabriquent uniquement les vaisseaux dont les pieces sont retenues par des liens de tôle, les brocs, seaux, &c. On les nomme *Tonneliers ferreurs*.

Comme le broc est de toutes les pieces que construit le Tonnelier, celle qui par sa forme exige le plus de soin, nous parlerons de sa construction, après avoir dit un mot sur son usage.

Le broc sert le plus souvent à transporter des liquides d'un lieu dans un autre, lorsqu'on a dessein de mettre la liqueur dans un autre vase plus propre à la conserver. On l'emploie aussi dans quelques endroits comme mesure. On vend les liqueurs au broc, & cette mesure contient plusieurs pintes. (Delà est venu le proverbe usité vulgairement, *boire à plein broc.*) A Paris, on en fait de différentes grandeurs, & on emploie dans leur construction les différents moyens que nous allons détailler.

Tout le monde sait que la partie la plus renflée d'un broc (*Pl. III. fig.* 11), est vers sa base ; que depuis cet endroit jusqu'à son ouverture, le broc diminue de largeur ; & qu'enfin il s'élargit un peu pour prendre une forme propre à verser commodément la liqueur qu'il contient.

Le broc est composé, comme les tonneaux, de plusieurs petites planches, (*Pl. III*, *fig.* 10). Moins on leur donne de largeur, & plus la courbe du broc & sa forme est réguliere. Le bas de chaque douve doit donc être plus large que son extrémité supérieure ; & cet angle que nous avons dit que l'on remarquoit en examinant l'épaisseur de ces especes de douves taillées, au lieu de se trouver à la partie moyenne de la douve comme sur le tonneau, doit ici être placé vers la base de la planche ; parce que, comme nous venons de le dire, le broc doit être plus renflé vers cette partie. Pour former cet angle, les Tonneliers n'ont aucune mesure. Le coup d'œil leur suffit ; & ils le tracent cependant assez réguliérement, ainsi que le biseau qui doit se trouver sur l'épaisseur des douves, pour qu'elles puissent toutes se toucher, & prendre la courbe qu'elles doivent donner au broc. Elles sont toutes bombées sur leur surface extérieure ; & intérieurement le Tonnelier a enlevé une partie de leur épaisseur dans la portion qui doit faire la partie plus renflée du broc, pour lui donner plus de capacité, & pour faciliter la courbe que chaque douve doit prendre, lorsqu'elle sera maintenue par les cercles.

Pour retenir les douves & monter le broc, les Tonneliers les arrangent & les posent à côté les unes des autres, de façon que leurs extrémités inférieures, celles qui étant plus larges doivent devenir la base du broc, se touchent. Il les maintient toutes avec un ou deux cercles. Quand une douve est trop large, ou qu'au contraire il la croit trop étroite, il la diminue, ou il la change & la remplace par une plus large. Les extrémités de ces douves opposées à celles-ci qui sont ainsi assujetties, tendent à s'écarter les unes des autres. Pour les faire revenir, il les place dans un chaudron rempli d'eau, & les y laisse bouillir pendant quelque temps pour attendrir le bois. Alors il se sert du bâtissoir pour réunir ces extrémités ainsi écartées ; & il les maintient par un second cercle qu'il a lié comme le premier avec de l'osier, & qui est d'une grandeur convenable.

Pour resserrer encore les cercles, il se sert de petits coins de bois (*Pl. III, fig.* 9) qu'il fait entrer à force entre les douves & le cercle ; & il le laisse ainsi pendant quelques jours.

Il ne s'agit plus ensuite que de former le jable qui doit retenir le fond du broc, & de substituer aux cercles de bois des cercles de tôle maintenus par des clous. On ajoute encore à l'ouverture du broc une plaque forte de cuivre, ou de tôle pour former cet évasement dont nous avons parlé, dont un côté comprimé sert de gouttiere & de conduite à la liqueur, quand on veut verser dans un autre vase celle que contenoit le broc. On ajoute encore une anse que l'on retient avec des clous. Nous ne parlerons pas de ces dernieres opérations ; leur perfection dépend de l'adresse de l'Ouvrier ; & il n'est pas possible de décrire ce qu'elle seule peut donner.

Il faut au Tonnelier qui fait les brocs, plusieurs outils dont nous n'avons pas encore parlé : de grands ciseaux, ou *forces* pour couper la tôle, une petite enclume pour ferrer, & river les clous qui maintiennent les pieces de tôle qu'il emploie.

Le *Bidon* que nous avons déja cité en parlant des vaisseaux dont la construction appartient au Tonnelier, est encore une espece de broc maintenu par pluſieurs bandes de fer. Il ſert auſſi de meſure aux liquides. On l'emploie principalement pour diſtribuer le vin qu'on donne à chaque Matelot dans les équipages de la Marine.

Les Tonneliers réparent auſſi les cuves. Ils achetent de vieilles cuves pour en faire des cuviers, baignoires, &c, en diminuant les douves, & les travaillant ſur la grandeur qu'ils veulent donner au nouveau vaiſſeau qu'ils ſe propoſent de conſtruire. Ils font des poinçons avec les douves des vieux tonneaux, & avec celles qu'ils ne peuvent employer à faire des poinçons. Ils conſtruiſent des quarts ou des barrils. Les futailles coupées ſervent à différents uſages. On les nomme communément *Bacquets* : les Marins les connoiſſent ſous le nom de *Bailles*.

Les Tonneliers emploient ordinairement de vieilles douves à faire des ſeaux, ſeilles, brocs, &c, dont nous venons de parler ; mais dans certaines Provinces, ils en font auſſi des tables, des fontaines, (*Pl. III*, *fig.* 13), qui s'adoſſent le long des murs, &c.

Autrefois les environs de Paris, moins plantés en vignes, n'occaſionnoient pas la conſommation des vieilles futailles; & beaucoup plus de tonneaux étoient dépecés & vendus à différents Ouvriers, comme Laitiers, &c, qui les employoient à faire des boîtes, pulpitres, caiſſes à mettre des arbuſtes ou des fleurs, &c. Actuellement on ne les dépece que lorſque les douves ſont abſolument hors d'état de ſervir à contenir du vin, après même avoir été diminuées de longueur, & converties en un vaiſſeau plus petit que celui qu'elles formoient étant neuves.

Nous avons dit que les Tonneliers dans les Villes maritimes faiſoient les *bouées* dont on ſe ſert pour reconnoître en rade l'endroit où un Vaiſſeau a jetté ſon ancre. Ces bouées flotantes ſur l'eau, lui indiquent l'endroit où il doit envoyer ſa chaloupe pour lever l'ancre, ou bien l'endroit où l'ancre a pris dans le terrein, pour qu'un autre Bâtiment évite de donner ſur la patte qui pourroit l'endommager. Nous croyons devoir dire deux mots de leur conſtruction.

On en fait de deux eſpeces. Les premieres ſont formées en cône (*Pl. III*, *fig* 27). Le côté le plus large de ces bouées, & celui qui ſert de baſe au cône, eſt fermé par le premier fond qui entre dans une feillure, ou dans un jable pratiqué dans chacune des planches qui forment la bouée, à peu-près à trois pouces de leur extrémité. On met encore dans l'eſpace du bouge, c'eſt-à-dire, depuis ce fond juſqu'à l'extrémité des planches qui ſervent à le former, de l'*étoupe* & du *bray*, que l'on recouvre de groſſe toile ; & l'on attache ſur l'extrémité de ces douves, un ſecond fond de ſapin, ou de tout autre bois léger. Ce ſecond fond ſert à parer les bouées des abordages qui pourroient endommager le premier fond, faire prendre eau, & enfoncer la bouée.

L'autre extrémité de la bouée eſt terminée par une pointe auſſi aiguë qu'il eſt poſſible. Elle eſt cependant garnie d'un fond placé dans une rainure, ſemblable à celle de l'autre fond, & faite de la même maniere. Ce fond eſt placé au tiers de la bouée, à compter de la pointe du cône.

Les bouées ainſi conſtruites, ſont liées par pluſieurs cercles de fer qui en maintiennent les planches. Les plus groſſes en ont ſept ou neuf. La bouée bien ſerrée & retenue eſt outre cela *brayée* & recouverte de goudron.

Au haut de la bouée du côté du grand diametre, on pratique une eſpece d'ouverture de bondon, large d'un demi-pouce, & qui ſert à *cambuger* la bouée, à vuider l'eau qui pourroit y entrer à la longue, ou par le défaut d'exactitude dans la réunion de ſes pieces. La bouée ſortie des mains du Tonnelier, eſt garnie à bord des cordages qui ſervent à l'attacher à l'*aurin* qui eſt un cordage dont un bout eſt *amaré* aux pattes de l'ancre; l'autre, à la bouée; il ſert à indiquer, comme nous l'avons dit, la perpendiculaire de l'ancre.

Les Anglois font uſage de bouées (*Pl. III, fig.* 28) autrement conſtruites. Elles ont la forme de deux cônes réunis par leur baſe vers le milieu. On a fait de ces bouées en France, & on a cru s'appercevoir qu'elles étoient par un gros temps moins apparentes que les autres.

Les Vaiſſeaux marchands, au lieu de bouées, font uſage d'un morceau de bois léger qui flotte ſur l'eau.

Les dimenſions des bouées ſont proportionnées & réglées ſur la force des ancres. Une ancre de ſept milliers porte une bouée de trois pieds neuf pouces de longueur, ſur une baſe de trois pieds de diametre.

Les dimenſions des autres bouées ſont auſſi fixées; & les Tonneliers ont des regles auxquelles ils doivent ſe conformer.

ARTICLE VII.

Ouvrages du reſſort du Tonnelier; comme la deſcente des Pieces de vin dans les caves, la ſortie des Tonneaux de dedans les Bateaux pour les débarquer ſur les Ports où ils doivent arriver, & la maniere de faire les foſſets, les bondons, & de fendre l'oſier qui ſert à attacher les cercles.

A Paris, & dans les Villes où les caves ſont profondes, les Tonneliers ſont chargés par les Propriétaires & les Marchands de Vin de deſcendre & de placer dans les caves les tonneaux de vin, de cidre, &c. Ce ſont eux auſſi qui font pour les Epiciers la deſcente de l'eau-de-vie, des huiles, &c. Cette manœuvre demande quelques précautions, & des expédients que nous croyons à propos de décrire.

La deſcente d'une piece de vin dans une cave, exige au moins deux garçons Tonneliers, ſouvent trois. Il faut éviter les trop fortes ſecouſſes qui pourroient

roient faire rompre les cercles, & occasionner la perte de la liqueur. Voici les moyens qu'ils emploient pour prévenir cet inconvénient. Ils établissent en travers de la porte de la cave une longue piece de bois, à laquelle ils ont arrêté un ou deux forts cordages par le moyen de deux boucles dans lesquelles entre la piece de bois. Deux garçons roulent le tonneau : & lorsqu'il est parvenu à la porte de la cave, un garçon se met devant la piece pour la retenir. L'emploi de celui-là est de diriger le tonneau le long de l'escalier, tandis que deux autres prennent la corde qu'ils ont fait passer par-dessus le tonneau, & qui l'entoure ; & ils occasionnent un frottement, en la faisant couler dans leur tablier, qu'ils retiennent encore avec leur main, ou en la tournant autour d'un poteau, & en faisant porter le cordage contre le mur. Celui qui descend avec le tonneau, le soutient toujours, en s'appuyant sur le tonneau ; & à l'aide de ses genoux (*Pl. VI, fig.* 9), il le conduit jusqu'à ce qu'il soit parvenu au bas de l'escalier. Pour lors le garçon Tonnelier roule le tonneau dans la cave jusqu'à l'endroit qui lui est destiné, & le met sur le chantier.

Quand les Tonneliers se proposent de descendre dans une cave des tonnes d'huile, ou des pipes d'eau-de-vie, comme les pieces sont fort grosses, il faut qu'ils prennent d'autres précautions. Ils font usage de deux machines peu composées qu'ils nomment *Poulains*.

L'une est construite avec deux fortes pieces de bois, dont les extrémités sont abattues. Elles sont longues de 12 à 15 pieds, assemblées & jointes ensemble par quatre traverses, deux en haut, & deux en bas. Les deux montants sont arrondis (*Pl. IV, fig.* 17). Une extrémité de ce bâtis doit porter sur le terrein ; l'autre taillé en biseau, doit s'appuyer le long de la muraille devant la porte ou l'entrée de la cave. (*Pl. VI, fig.* 10).

Le petit poulain est une espece de traîneau, composé de deux pieces de bois équarries, de quatre pieds de long (*Pl IV, fig.* 18), dont les extrémités sont relevées, pour que le poulain puisse mieux couler sur les marches.

Les Tonneliers donnent du pied au grand poulain, & l'appuient, comme nous venons de le dire, le long de la muraille devant la trappe ou la porte de la cave. Ils arrêtent le cable au traîneau, & retiennent la piece qu'on veut descendre sur le traîneau : ils tournent la corde deux ou trois fois autour d'un des montants du grand poulain, & ils lâchent doucement la corde qui est attachée au traîneau, tandis qu'un autre qui précede la piece, la dirige & la conduit jusqu'en bas de la cave, où plusieurs la roulent jusqu'au lieu où elle doit être placée.

Il va de l'intérêt des Tonneliers, & particuliérement de celui qui précéde le tonneau, de visiter le cable avant de s'en servir, pour qu'il ne vienne pas à rompre en descendant le tonneau.

Pour remonter des pieces d'huile, d'eau-de-vie, &c, de dedans les caves, les Tonneliers emploient encore un bâtis à peu-près semblable au grand poulain que nous venons de décrire, excepté que les montants de celui-ci (*Pl. IV, fig.* 19) sont équarris (*fig.* 21), & qu'ils portent au quart de leur hauteur, du côté qui doit appuyer sur le terrein, un treuil, ou moulinet (*fig.* 20) qui est retenu par l'une & l'autre de ses extrémités dans les coches ou échancrures faites à chacun des deux montants du bâtis. On l'appelle le *Moulinet*. Le *Chable*, par corruption sans doute du mot *Cable*, s'entortille sur le treuil; & plusieurs Ouvriers appuyant sur les leviers, parviennent ainsi à monter par les trappes les pipes ou tonnes d'huile que l'on a assujetti sur un petit poulain auquel on attache l'autre extrémité du cable.

On se sert encore, pour monter les pipes d'eau-de-vie ou d'huile par la trappe des caves des Epiciers, de deux poulies moufflées, (*Pl. IV, fig.* 12); chaque mouffle porte deux rouets. L'un des mouffles est attaché au plancher par le crochet (*fig.* 14); une extrémité de la corde est attachée au bas du premier mouffle. Elle va passer sur un rouet du second mouffle; delà elle revient s'entortiller sur le premier rouet du premier mouffle; elle roule sur le deuxieme du second mouffle; enfin elle retourne au second rouet du premier mouffle; & cette extrémité de la corde ou du cable descend jusqu'à l'endroit où un ou plusieurs hommes tirent dessus, pour faire monter le second mouffle auquel est attaché le tonneau, & le faire approcher jusqu'auprès du premier mouffle.

Cette extrémité de la corde tient au tonneau par le moyen de deux crochets. (*fig.* 15). La corde retient l'un & l'autre de ces crochets, en passant dans une ouverture qui est à l'extrémité opposée au crochet (*fig.* 16). Cette extrémité de la corde forme une porte, & la corde passe dans cette porte; & par cet arrangement, elle peut former un triangle plus ou moins grand, suivant la longueur de la piece qu'on veut monter. Et comme la corde forme un nœud coulant, la pesanteur du tonneau oblige les deux crochets à serrer la futaille qu'ils tiennent par les jables, tandis que des hommes tirent sur l'autre extrémité de la corde quand ils veulent l'éleve (*Pl. VI, fig.* 8), ainsi que nous l'avons décrit.

C'est un ancien privilege des Maîtres Tonneliers de Paris, qui leur a été accordé sous *Louis XI*, en 1467, confirmé par *François I* en 1517, & depuis par *Louis XIV* en 1672, d'être seuls en droit de décharger les vins de dedansle s bateaux qui les ont amenés. Ils doivent les sortir des bateaux, les placer sur le Port; & ils en répondent jusqu'à leur sortie.

On imagine bien les moyens qu'ils emploient pour les remonter des bateaux. Ils font quelquefois usage d'un ou de deux cables qui embrassent les tonneaux, & que deux garçons Tonneliers tirent, tandis que deux autres soutiennent le tonneau, & aident à le monter sur des *madriers* placés en plan incliné jusqu'auhau t du bateau, & delà ils le conduisent sur d'autres madriers, & le roulent sur le Port.

Quelques Tonneliers s'adonnent à cette partie, tandis que d'autres ne s'occupent que de la fabrique des tonneaux, ou de leur réparation.

Enfin souvent dans les Villes, on charge encore les Tonneliers de tirer le vin, & de le mettre en bouteilles.

Ils percent le fût qu'on veut tirer. Ils se servent pour cela d'une espece de villebrequin (*Pl. II*, *fig.* 19 & 20) appellé *Perçoir*. Ils placent l'ouverture pour mettre la canelle dans une planche dans la partie inférieure d'un de ses fonds à deux pouces du jable, au-dessus de la lie.

Souvent les Tonneliers se servent, pour transvuider ou tirer le vin, ou ne point perdre celui qui s'échappe des bouteilles qu'on emplit, d'un petit vase ou baquet dont le fond est plat, qui est circulaire d'un côté, & qui se termine en pointe de l'autre. Ce dernier côté est destiné à servir de gouttiere au vin que contient ce vase, quand on veut l'entonner dans un autre propre à le conserver. Nous n'avons point parlé de sa construction, parce que nous avons cru n'avoir rien de particulier à en dire, & que sa figure dépendoit, comme celle des brocs, des différentes formes qu'on donne aux petites douves qui servent à le former. Ces vases n'ont qu'un fond, & les douves en sont retenues par plusieurs cercles (*Pl. III*, *fig.* 5).

Pour vuider une piece de vin, & transporter ce vin dans un autre tonneau, on se sert souvent d'un siphon, composé de deux branches paralleles ou tuyaux de fer-blanc (*Pl. IV*, *fig.* 8) joints à un troisieme tuyau qui réunit ces deux-ci. On doit avoir attention qu'une des deux branches du siphon soit plus longue que l'autre ; sans quoi l'effet en seroit nul. Sur la troisieme partie de ce siphon, celle qui doit être placée supérieurement & horizontalement, on a établi un petit tuyau, par lequel, quand une des branches est posée dans la liqueur qu'on veut pomper, & l'autre dans le vase que l'on veut remplir, on attire l'air que renferme une des branches du siphon : la liqueur le remplace ; elle monte, & continue à couler jusqu'à ce qu'il ne reste plus rien dans le vaisseau que l'on veut vuider.

Par ce moyen, on est dispensé du soin de tirer le vin, de le transporter, & sans presque aucune attention ; & on transvase ou on soutire les liqueurs sans les brouiller, ni les mêler avec la lie qui pourroit se trouver dans l'ancien tonneau où elle s'est déposée. Ce siphon est connu sous le nom de *Pompe*.

On est souvent obligé, pour goûter le vin, ou pour donner de l'air à la piece dont le vin travailleroit, ou encore pour pouvoir le tirer, de faire plusieurs ouvertures à la futaille qui le renferme. Pour cela, on a une espece de vrille, nommée *Foret* (*Pl. II*, *fig.* 18), dont les pas sont très-peu relevés, avec lequel les Tonneliers percent le tonneau au-dessus du vin, afin de donner une entrée à l'air, pour remplacer dans le poinçon le vin qui sort par la canelle. Quand on veut tirer par une pareille ouverture une petite quantité de vin pour l'examiner ou le goûter, on fait le trou plus bas; & ensuite le vin étant tiré, on ferme cette ouverture avec un petit cône de bois, (*Pl. IV*, *fig.* 23) qu'on nomme *Fosset*.

Les Tonneliers sont dans l'usage de faire les fossets. Leur construction n'exige pour outil qu'un couteau, & ne demande pas une grande adresse. Ils les font en se promenant. Ils coupent en pointe une petite baguette, ordinairement de coudre, ou d'autre bois tendre; ils l'arrondissent, abattent la pointe, & coupent le fosset à la longueur d'un pouce ou un pouce & demi. Ce fosset remplit l'ouverture qu'on a faite avec la vrille: on frappe dessus, assez pour l'y retenir. Quand on goûte le vin d'un tonneau déposé dans une cave, on le perce dans la partie supérieure, & l'on n'enfonce pas le fosset trop avant, pour pouvoir le retirer une autre fois, s'il étoit à propos de donner de l'air à la piece.

Nous avons dit que le tonneau étoit percé d'un trou dans le bouge, & que cette ouverture formoit ce qu'on appelle le *Trou du Bondon*. C'est par-là qu'on entonne le vin. Le tonneau rempli de liqueur, on ferme cette ouverture avec un bouchon de bois, que l'on nomme *Bondon*. Ce sont souvent les Tonneliers qui font les bondons: nous allons décrire leur pratique.

Dans certaines Villes où l'on fait beaucoup de futailles, les Tonneliers font faire leurs bondons par des Tourneurs; & par conséquent ce travail fait sur le tour, ne demande de nous aucune explication. Mais les Tonneliers dans les campagnes font eux-mêmes leurs bondons par une méthode simple, aisée & assez précise.

Le bondon est un coin ou un cône tronqué de bois qui a la même forme que l'ouverture pratiquée à la futaille. Quoiqu'il ait peu de hauteur, il faut cependant qu'une de ses bases soit plus large que l'autre, afin qu'il fasse quelque résistance à mesure qu'on le frappe & qu'on le force à entrer dans cette ouverture.

L'ouverture du bondon d'une pipe est plus grande, & porte plus de diametre que celle d'un poinçon. Aussi les dimensions des bondons doivent-elles être différentes.

Le Tonnelier qui fait lui-même ses bondons, a plusieurs morceaux de bois d'un pied de long, amincis par une de leurs extrémités, de façon qu'on puisse les manier. L'autre extrémité est applatie, & le diametre de cette base est égal à celui du bondon que le Tonnelier veut former. Cette base est garnie de trois ou cinq pointes de fer, qui débordent le bois de trois à quatre lignes. On appelle ces especes de bâtons ainsi arrangés, des *Mandrins*. (*Pl. IV*, *fig.* 6).

Quand le Tonnelier veut faire un bondon, par exemple, pour un quart, il prend le mandrin qui convient pour cette petite futaille. Il a de petits morceaux quarrés d'une douve un peu épaisse *a* (*fig.* 7) ou un bondon *b b* d'une plus grosse piece qu'il veut diminuer, pour le rendre propre à un

quart

quart. Il enfonce les pointes du mandrin dans la planche ou le vieux bondon. Il l'assujettit ainsi ; & en retenant le mandrin perpendiculairement, il le pose sur le charpi, & taille le bondon en suivant le contour du mandrin. Il l'unit & l'arrondit. Quand cette opération est faite, il retire son mandrin de dessus son bondon.

Il construit de la même façon les bondons pour des futailles, en choisissant le mandrin dont la surface intérieure garnie de pointes, a un plus grand diametre que celui qui sert pour les quarts. En ne tenant pas sa cochoire perpendiculaire, mais inclinée & appuyée contre le mandrin qui est conique, il donne au bondon la forme d'une tranche de cône, & en forme une espece de bouchon, c'est-à-dire, qu'il en forme un coin circulaire propre à fermer l'ouverture dont nous avons parlé.

S'il arrive qu'un bondon se trouve trop petit pour l'ouverture de la piece ; pour lors, au lieu d'en faire un autre, on prend des chiffons de toile quelquefois garnis de glaise ou de graisse, & l'on en entoure ce bondon pour augmenter son diametre, & le faire tenir dans l'ouverture, sans qu'il laisse perdre la liqueur.

Nous avons dit que souvent, sur-tout dans les Provinces, les Tonneliers fendoient eux-mêmes l'osier dont ils se servent pour attacher leurs cercles ; & nous avons promis, en parlant des cercles & de l'usage que l'on y fait de l'osier, de donner les moyens qu'ils emploient pour le fendre. Nous ne l'avons pas placé à l'article du reliage des tonneaux, afin de ne point interrompre ce que nous y traitions.

Les Tonneliers achettent l'osier. Les Vignerons le cultivent souvent dans les sillons de leurs vignes. Nous avons dit qu'on employoit pour faire l'osier, l'espece de saule dont l'écorce est rouge. On coupe tous les ans dans l'hiver les jeunes pousses de ces arbres, quand la seve commence à y monter. Les Vignerons vendent cet osier, partie aux Vanniers, pour être dégarni de son écorce, partie aux Tonneliers, pour conserver son écorce, mais être fendu, & devenir propre à lier leurs cercles.

Les Tonneliers des environs d'Orléans prétendent qu'il faut que leur osier soit fendu en trois ou en quatre, & que les petites branches seulement partagées en deux, ne seroient pas aussi bonnes. J'augure que par l'observation ils se sont assurés que ces branches séparées seulement en deux dans leur diametre, en se séchant, travaillent, & peuvent encore se refendre, se partager & perdre de leur force (*). Quoi qu'il en soit, pour les partager en trois ou en quatre, voici comme s'y prend le Tonnelier, ou le Vigneron fendeur.

Il prend une branche d'osier, & la tient par son bout menu, qui termine

(*) Dans la Bretagne au contraire où l'on nomme l'osier, de la *Prete*, on estime davantage ces dernieres.

la pouſſe de la derniere année. Il la partage avec un petit couteau à courte lame, & un peu recourbé, en quatre parties, d'abord en deux, enſuite en trois ou en quatre ſeulement dans la longueur de quelques pouces, de façon que la branche ſoit diviſée en portions égales qui ſe réuniſſent toutes au centre ; enſuite avec ſes doigts, il oblige chaque brin de commencer à ſe quitter ; & quand il les a ainſi ſéparés dans une partie, il ſe ſert du *fendoir*, (*Pl. VI, fig.* 27), qui eſt un petit bâton arrondi, aiſé à manier, & dont l'extrémité eſt partagée en trois ou en quatre quarts par des ſillons qui les ſéparent. Ces ſillons ſont formés pour recevoir les trois ou les quatre parties de la branche; & les angles que forment ces ſillons étant un peu tranchants, ſervent à diviſer la branche.

Le Tonnelier ayant une fois placé les extrémités de la branche ſur le bâton ou *fendoir*, ne fait plus que les appuyer ſur les angles, en pouſſant de l'autre main le fendoir. Il parvient ainſi à diviſer les branches en trois ou en quatre parties juſqu'à l'extrémité la plus menue & la plus pointue de la branche. Il arrange ſon oſier fendu par bottes de 100 ou 150 brins, & enſuite il le met dans un lieu frais pour qu'il s'y conſerve ſouple. Quand il veut s'en ſervir, il le met encore, comme nous l'avons dit, tremper dans l'eau. Si la branche eſt petite, on n'emploie que la lame du couteau pour faire la premiere diviſion, qu'on conduit à la main juſqu'à ſon autre extrémité.

Quand le Tonnelier l'achete du Vigneron tout fendu, il le paye deux ſols & demi ou trois ſols le cent, ſuivant les années.

Les Tonneliers fourniſſent encore quelquefois les *rapés*. Ce ſont des copeaux de bois de hêtre (*Pl. IV, fig.* 9) bien ſecs, que l'on imbibe dans de bon vin très-coloré, & qui a ce qu'on appelle *du corps*. Les Tonneliers les font, & les fourniſſent aux Marchands de vin qui les vendent aux Particuliers qui en ont beſoin, ou qui s'en ſervent eux-mêmes pour donner de la couleur & de la force aux vins foibles, ou éclaircir ceux qui ſont louches. On fait paſſer les vins qu'il faut rétablir, une ou deux fois ſur ces copeaux, & on prétend que le bois de hêtre dont ils ſont faits, communique au vin une ſaveur agréable.

EXPLICATION DES FIGURES.

PLANCHE I.

LA FIGURE 1 représente une *Cochoire.* Cet outil est destiné à couper le merrain quand le Tonnelier commence à le dégauchir : il sert aussi à former les *coches* ou entailles sur les cercles avant de les lier avec l'osier. Il est composé d'une lame de fer acérée & tranchante sur une de ses surfaces : cette lame est emmanchée dans une piece cylindrique de bois, ce qui rend l'outil aisé à manier.

La *Figure* 2 est une *Doloire.* Cet outil sert à tailler les planches qui forment le tonneau, ou, en terme d'Ouvrier, *à doler le merrain :* la lame de cet outil, ainsi que celle de la cochoire n'a qu'un biseau ; elle est soutenue par un manche de fer vers la partie moyenne & supérieure de la lame. Dans ce manche de fer qui forme une douille, entre un morceau de bois arrondi & pesant qui forme un contrepoids à l'outil, que ce deuxieme manche rend maniable. On donne une certaine inclinaison à ce manche de bois, pour qu'il ne tombe pas perpendiculairement au-dessus de la lame de fer, & qu'il rentre au contraire en dedans du côté de l'Ouvrier, ainsi que le manche de fer auquel il est attaché : par ce moyen le Tonnelier peut approcher l'outil de la planche qu'il *dole*, sans que sa main puisse nuire à son travail.

On voit dans les *Figures* 3 & 4 le *Tronchet*, *Charpi* ou *Billot.* On a donné ces différents noms à un même ustensile destiné à recevoir & à soutenir les planches ou le merrain qu'on veut travailler ; le billot *Figure* 4, en fait la principale partie, ou bien on emploie un moyeu de charrette *Figure* 3 : le *charpi* ou billot doit porter deux hausses *A*, *B*, sur lesquelles on place les planches qu'on veut doler : une de ces hausses *b* est entaillée à moitié bois, pour servir d'appui à la planche qu'on veut travailler.

La *Figure* 5 est un rabot ordinaire, tel que le petit rabot à main des Menuisiers.

La *Figure* 6 est la *Colombe*, espece de grande varlope de Menuisier, mais renversée ; elle sert particuliérement aux Tonneliers & aux Layetiers, pour former leurs joints. La varlope ordinaire se conduit sur la planche dont on veut diminuer ou enlever quelques parties pour l'unir ; sur celle-ci, c'est la planche qu'on veut travailler que l'on passe sur la colombe, pour la diminuer de largeur.

La table de la colombe a 4 pieds de long & 4 pouces de large : elle est soutenue sur trois forts pieds de bois. Vers le quart de la longueur de la table est une ouverture appellée *Lumiere*, dans laquelle entre le fer *a*, semblable au fer de la varlope ordinaire : celui de la colombe a 3 pouces de large : le tranchant du fer est posé en dessus, & excede un peu la surface supérieure de la table ou du fût de la colombe, & il est maintenu à la distance convenable, ainsi que dans tous les autres rabots & varlopes, à l'aide du coin de bois *b*.

La *Figure* 7 représente le *Chevalet* ou *Selle* à tailler. C'est un banc qui sert aux Tonneliers, ainsi qu'aux Layetiers, à maintenir & arrêter la planche qu'ils veulent planer.

Il est composé d'une planche de bois épaisse soutenue par 4 pieds. Vers un des bouts, on a ajusté une tête de bois qui a une queue, laquelle traverse le banc, & est arrêtée vers les trois quarts de sa longueur avec une cheville *C* qui le traverse, & qui le retient à une planche qui est inclinée comme un pupitre *a f h*; on fait serrer sur cette planche inclinée la tête *e* qui appuie sur la planche inclinée, seulement lorsque le Tonnelier pose ses pieds sur une traverse de bois *b*, qui est placée à la partie inférieure de la piece *e g*.

La *Figure* 8 est un tire-fond, espece de piton de fer dont la tête est formée en anneau. La pointe porte quelques pas de vis un peu profonds, pour que ce tire-fond tienne ferme dans la planche, sans la traverser d'outre en outre.

La *Figure* 9 est un cercle de fer qui donne la dimension d'une futaille. Les Tonneliers ont de pareils cercles de fer de différentes grandeurs pour faire des futailles de toutes sortes de jauges : savoir, pipes, tonneaux, quarts, demi-quarts, &c.

La *Figure* 10 représente un *Assau*, *Essaitte*, *Assette* *; ou *Hachette*. Cet outil porte d'un côté un marteau, & de l'autre un fer tranchant à un biseau qui est large & court. La courbe revient chercher le manche de l'outil : cette partie de l'outil sert à couper le bois, principalement dans l'intérieur du tonneau, pour le creuser en dedans ou arrondir l'ouvrage, &c. La partie opposée est alongée, & porte une tête applatie, pour pouvoir frapper comme avec un marteau.

La *Figure* 11 est le même outil ; mais il n'a point de tête ou marteau : il ne sert qu'à arrondir l'ouvrage. On nomme plus communément le premier l'*Assau*, & celui-ci, l'*Essaitte* ou l'*Assette*.

La *Figure* 12 est une *Plane* ou *Plaine* servant à applanir le bois. La plane des Tonneliers est composée d'une lame de fer acérée, rendue coupante sur une de ses surfaces ; les deux extrémités de la lame sont arrondies, & ont peu de largeur : elles entrent dans deux poignées. Pour faire usage de cet outil, on le tient avec les deux mains.

La *Figure* 13 représente une plane dont la lame a une courbe particuliere.

* Ces différents noms dérivent, je crois, de celui de *hachette*.

Figure

Figure 14, eſt une autre plane ronde & contournée en forme de cylindre, de deux pouces de diametre, de 3 à 4 pouces de hauteur, & de quelques lignes d'épaiſſeur : un des côtés de cette lame eſt extrêmement aiguiſé & tranchant par ſa ſurface ſupérieure. Cet outil porte un manche ou queue de fer, auquel, quand on veut, on peut ajouter un ſecond manche de bois pour l'alonger : c'eſt avec cette plane qu'on unit les joints des pieces par dedans, après qu'elles ont été aſſemblées.

La *Figure* 15 eſt un *Bâtiſſoir* pour les cuves : il ſert à réunir les douves. Quand ces douves ont été aſſujetties par une de leurs extrémités, l'autre s'écarte, & il eſt queſtion de les reſſerrer ; c'eſt le bâtiſſoir à cuves qu'on emploie pour cela, quand le vaiſſeau que l'on forme eſt de la grandeur d'une cuve ou d'un cuvier, &c. A l'égard des tonneaux ordinaires, quarts, &c, on emploie le bâtiſſoir de la *Figure* 16.

On voit dans la *Figure* 15 que le bâtiſſoir eſt composé d'un chaſſis dont la traverſe ſupérieure *a a*, porte un écrou. La vis *b* qui paſſe au travers de l'écrou tient à une traverſe mobile *c* : c'eſt à cette traverſe qu'eſt attaché le bout de la corde *e* qui doit entourer les douves qu'on veut réunir ; l'autre extrémité de la corde vient s'attacher à la traverſe *d* du bâtiſſoir. A chaque tour de la vis, la traverſe *c* s'éleve & tire en enhaut la corde, laquelle ſerre les douves qu'elle entoure.

La *Figure* 16 eſt un bâtiſſoir pour les tonneaux, poinçons, &c. Celui-ci eſt fermé par un petit treuil aſſujetti dans un chaſſis. A ce treuil *b* eſt retenue une corde *e* qui entoure les douves, & revient s'attacher à une traverſe du bâtiſſoir *d* : la corde, en ſe roulant ſur le treuil, oblige les douves qu'elle entoure à ſe reſſerrer.

Figure 17, *Maillet* du Tonnelier : il eſt de bois ; la maſſe en eſt plate, & d'environ 2 pouces d'épaiſſeur ſur un pied de longueur : on la fait ordinairement de bois de cormier. Ce maillet eſt peſant & par conſéquent a plus de coup ; ſon manche eſt pareillement de bois ; il eſt placé au milieu de la longueur de la maſſe.

Figures 18 & 19, Chaſſoirs de différentes grandeurs. Ce ſont des eſpeces de coins que le Tonnelier poſe ſur les cercles, & ſur leſquels il frappe avec le maillet, pour ſerrer les douves ſans endommager les cercles.

Figure 20, *Sergent*. Différents Ouvriers ſe ſervent de cet outil qui eſt composé d'une barre de fer quarrée plus ou moins longue, dont l'extrémité *a* eſt recourbée en crochet. Le long de cette barre monte ou deſcend un autre crochet mobile de fer *b* qu'on nomme *la main* du ſergent. L'ouverture de ce dernier crochet n'eſt pas droite ſur la barre, de ſorte que la main fait un angle avec la barre. Et c'eſt par cette diſpoſition que le ſergent retient les planches que l'on arrange entre l'un & l'autre de ces crochets.

Figure 21, *Compas.* Le compas du Tonnelier eſt formé d'une piece pliante de bois qui fait reſſort. Les deux extrémités qui ſe terminent en pointe, & ſont garnies d'une virole & d'une pointe de fer, s'approchent ou s'éloignent à l'aide d'un arbre à vis qui les traverſe. Quand on veut ſerrer les branches, on tourne l'arbre dans un ſens; & ſi l'on veut former un rayon plus grand, on le fait mouvoir d'un autre ſens.

PLANCHE II.

Figure 1, *Selle à rogner.* Cette ſelle ſert à aſſujettir une futaille & à la maintenir, tandis que le Tonnelier la rogne. Elle eſt formée par une piece de bois fourchue : la tête de la fourche entre en terre, & y eſt retenue ſolidement. L'ouverture des branches eſt placée en enhaut. Près l'une des deux branches *c* de la fourche, on a placé perpendiculairement un montant *d*, à quelque diſtance on a poſé encore un autre montant *e* de l'autre côté de la fourche, & ce montant ne touche pas aux bras de la fourche. Enfin on a diſpoſé vers le milieu de la fourche & à quelque diſtance, un montant *f* placé auſſi perpendiculairement, & retenu ſolidement en terre. De ce dernier montant part une traverſe *g* qui vient s'arrêter à la réunion ou à la tête de la fourche : cette traverſe eſt échancrée en deſſus & près du montant. Par cette diſpoſition un tonneau placé preſque horizontalement dans la fourche & entre les montants, eſt maintenu ſtable, en le faiſant enfoncer plus ou moins dans la fourche. La coche ou l'entaille *g* faite à la traverſe, ſert encore à le maintenir & à l'arrêter.

Figure 2, *Jabloire* pour les tonneaux. Cet outil ſert à former la rainure ou le jable dans lequel doit entrer le fond. Cette jabloire eſt formée de deux pieces principales ; l'une *a* n'eſt deſtinée qu'à ſervir de ſoutien à la ſeconde *b* qui ſeule forme la rainure : celle *a* eſt ouverte vers les trois quarts de ſa hauteur ; cette ouverture eſt quarrée, & eſt deſtinée à recevoir la deuxieme piece *b* qui eſt plus large vers une de ſes extrémités que vers l'autre, de ſorte qu'elle ne peut entrer plus avant dans la premiere piece, qu'en l'y forçant & en frappant du côté le plus large. La piece *b* porte une piece d'acier dentelée ou eſpece de petite ſcie *c* : en faiſant entrer la piece *b* dans la piece *a*, & faiſant porter la piece *a* horizontalement & de plat ſur le bord des futailles, quand elles ont été montées ; & en conduiſant l'outil en dedans, on forme, avec cette eſpece de ſcie, le jable du tonneau ou la rainure qui doit porter le fond.

Pour empêcher la ſcie d'entrer trop avant, & pour qu'elle ne faſſe pas la rainure trop profonde, on arrange la piece d'acier dentelée dans une palette *d*, où elle eſt ſoutenue par de petits rebords : on la fait déborder de la quantité & ſelon la profondeur que l'on veut donner à la rainure. Quand la ſcie a formé le jable, cette palette porte ſur les douves; alors on ne craint point que la rainure devienne plus profonde qu'il ne convient, & qu'elle ne diminue la force du merrain dans lequel on la fait.

Figure 3, *Coutre.* Outil deſtiné à fendre les douves trop épaiſſes : le Tonnelier l'emploie quelquefois pour partager ſon *traverſin* quand il eſt trop épais. La lame eſt plus épaiſſe ſur la ſurface ſupérieure *a*. Elle eſt acérée & coupante du côté oppoſé. On le tient dans la même poſition que repréſente la figure. Les Fendeurs de perches, lattes, charniers, &c, en font uſage.

Figure 4, *Mailloche* avec laquelle on frappe ſur le coutre.

Figure 5, *Jabloire* pour les cuves. Cet outil ſert à faire la rainure dans laquelle doit être retenu le fond d'une cuve. Comme les planches de ce fond ſont fort épaiſſes, il faut que la rainure ait une profondeur proportionnée, & un outil différent pour la former, que celui qu'on emploie pour faire celle des tonneaux. Celui-ci eſt également compoſé de deux principales pieces *a* & *b*. La piece *a* ſert de ſoutien à celle *b* qui doit former la rainure, & qui s'avance plus ou moins ſur deux petites pieces de bois équarries *f*, *f*, qui ſont un peu plus épaiſſes ſur une de leurs extrémités, afin de pouvoir maintenir la piece *a* à la diſtance convenable.

La partie *b* porte un fer de rabot *c* qui forme la rainure; le long de l'épaiſſeur de cette partie *b*, on diſpoſe encore une lame tranchante *d d*, qui coupe le bois, & aide à former la rainure. La partie *e* ſert de manche pour appuyer ſur l'outil quand on en fait uſage, & auſſi pour le tranſporter.

Figure 6, autre *Jabloire pour les tonneaux*. Cet outil eſt ſemblable à celui de la figure 2, excepté que la piece *a* qui ſert de ſoutien à la piece *b*, eſt formée en portion de cercle; la partie *b* porte de même dans une palette *d* une piece *c* dentelée, à laquelle elle ſert de ſoutien. Cette palette *d* eſt deſtinée à maintenir la ſcie à une diſtance convenable, pour former la rainure, ſans lui donner trop de profondeur.

Figure 7, la même jabloire vue en plan & de côté.

La *Figure* 8 fait voir la partie *a* qui ſert de ſoutien à la partie *b*, qui eſt celle qui forme la rainure.

Figure 9, *Scie* ou *feuillet à tourner*. C'eſt une vraie ſcie : on l'emploie principalement à couper les douves du fond, pour les ſcier ſelon le trait que le Tonnelier a tracé ſur les planches avec le compas. Elle differe des ſcies ordinaires, en ce que le feuillet eſt reçu dans des boîtes *a*, *a*, qu'on tourne pour incliner le feuillet.

La *Figure* 10 eſt une *Scie à main*, emmanchée tout ſimplement dans un manche de bois, & facile à manier: les petites ſcies à main ſe nomment *Egobines*.

Figure 11, *Tire à barrer* ou *Tiretoir*. Cet outil ſert à faire entrer à force les derniers cerceaux des futailles : il eſt composé d'une piece de bois longue de 20 à 22 pouces, arrondie par le bout qui ſert de manche; le reſte de la piece eſt applati & garni de plaques de fer *b*; vers le milieu de cette piece, il y a une mortaiſe dans laquelle entre & eſt retenue, par une cheville de fer, l'extrémité d'une barre de fer mobile, longue de 10 pouces environ, dont le bout opposé *a* eſt recourbé, & forme un crochet.

Figure 12, *Tire à barrer* pour les cuves. Elle eſt conſtruite à peu près comme le tiretoir pour les tonneaux, *Figure* 11, excepté que celui pour les cuves eſt beaucoup plus fort & plus long; la barre, au lieu d'être d'une ſeule piece, tient au manche par un ou pluſieurs chaînons de fer.

Figure 13, *Utinet*; petit maillet dont le manche eſt très-long : il ſert à faire revenir les douves qui ſont trop enfoncées dans le jable, ou qui en ſont dehors : celui-ci eſt pour les cuves; celui de la *Figure* 14 ſert pour les tonneaux.

Figure 14, *Utinet* pour les tonneaux.

Figure 15, *Etanchoir*; petit couteau qui ſert à placer de l'étoupe entre deux douves, lorſque l'on craint que la liqueur n'échappe: ſa forme eſt aſſez indifférente.

Figure 16, *Vrille à barrer* ou *Barroir*. C'eſt une tige de fer de cinq ou ſix lignes de diametre, longue de 3 pieds ou 3 pieds ½, dont une des extrémités eſt formée en vrille dont les pas ſont fort alongés; l'autre extrémité porte une traverſe de bois *a*, pour la tourner : cet outil ſert à percer les trous où l'on doit poſer les chevilles qui ſoutiennent la barre qui fortifie le fond des futailles; c'eſt delà qu'il a pris ſon nom.

Figure 17, *Bondonniere*, eſpece de tarriere : c'eſt avec cet outil que l'on forme l'ouverture propre à placer le bondon d'une piece. La mèche faite avec de bon acier eſt longue de ſix à ſept pouces : ſa figure eſt un demi-cône creuſé en dedans ou une gouttiere tranchante par les bords : ſon diametre vers ſa baſe a près de 2 pouces; l'autre extrémité qui forme la pointe du cône eſt tournée en vis, pour mieux mordre ſur le bois, & commencer l'ouverture ſans riſquer de fendre la planche : on tourne cette bondonniere juſqu'à ce qu'elle ne trouve plus à mordre, ou que l'ouverture ſoit telle qu'on la deſire.

Figure 18, *Foret*, ou petite vrille qui porte pluſieurs pas de vis fort ſerrés; il ſert à percer les futailles pour placer un foſſet.

Figure 19, *Perçoir*; eſpece de vilebrequin qui ſert à faire l'ouverture dans une des planches du fond, pour poſer la canelle, & tirer le vin ou toute autre

autre liqueur que contient une futaille. Sa tarriere eſt formée d'une piece plate de fer tranchante par le bout, & qui porte 3 pointes, dont celle du milieu eſt plus longue que les deux autres.

Figure 20, autre *Perçoir* pour poſer une canelle : celui-ci differe de l'autre, en ce que la meche eſt plus fine, & qu'il ſert ordinairement à commencer l'ouverture, que l'on acheve avec celui de la *Figure* 19.

Figure 21, grand compas à cuve. Ce compas ſert à tracer les fonds des cuves : il eſt formé de deux branches de bois; la pointe de ces branches eſt garnie de fer; au quart de ce compas, à compter de ſa tête, eſt une portion de cercle arrêtée dans l'une des branches, & dont le contour ſuit le mouvement de l'autre qu'elle traverſe; à cette ſeconde branche eſt une vis qui ſert à la fixer ſur la courbe à telle diſtance que l'on veut.

PLANCHE III.

Figure 1, *Haquet* des Tonneliers. C'eſt une eſpece de charrette ſans ridelles, qui ſert à tranſporter les tonneaux ou futailles. Il porte à l'avant un treuil ou moulinet *a b*, comme les grands haquets ordinaires, un ſimple timon peu long, & une traverſe, pour qu'un ou deux hommes puiſſent le tirer commodément lorſqu'il eſt chargé; il eſt fait de façon, qu'en le démontant, chaque partie ſéparée puiſſe ſe loger aiſément dans quelque endroit que ce ſoit, & y être miſe à couvert; les brancards de la voiture ne ſont retenus ſur l'eſſieu, que par deux chevilles de fer qui ſe poſent en deſſus, & qui traverſent l'un & l'autre : l'eſſieu de ces petites voitures eſt quelquefois de bois, mais plus ordinairement de fer : ce haquet differe des grands où l'on attele des chevaux, en ce qu'il n'a qu'un timon & non un limon, & qu'il ne peut faire la baſcule qu'en abandonnant le timon, en appuyant ſur le derriere de la voiture, & élevant le devant, au lieu que le haquet des ports a une briſure en *a*.

La *Figure* 2 repréſente le même haquet démonté, & enlevé de deſſus ſon eſſieu; *a a*, ſont les deux chevilles de fer qui ſervent à le maintenir ſur l'eſſieu *b b*.

Figure 3, limon du haquet vu de côté; *a*, l'entrée du treuil vu du même côté.

Figure 4, moulinet ou treuil du haquet; *b b*, bras ou leviers du moulinet.

Figure 5, petit bacquet fait en cœur que l'on met ſous une piece qui fuit, ou ſous la canelle dans le temps qu'on tire une piece, & qui par ſa forme devient propre à reverſer aiſément la liqueur qu'il contient, dans un autre vaiſſeau.

Figure 6, petite fontaine telle que les Tonneliers en font pour contenir de l'eau.

Figure 7, autre petit bacquet fait en cœur, qui ſert d'entonnoir, & qui porte à l'extrémité la plus large, un tuyau ou douille de fer blanc ou de cuivre que l'on introduit dans l'ouverture du bondon d'une piece que l'on veut emplir.

Fig. 8, *Seau* tel que les Tonneliers-Ferreurs le conſtruiſent ordinairement.

Figure 9, cercles appliqués autour d'un broc, lorſqu'on le monte, ſervant à réunir les planches avec des coins paſſés entre les cercles, & les douves.

La *Figure* 10 fait voir l'aſſemblage des douves qui forment un broc.

Figures 11 & 12, Brocs de différentes grandeurs, & finis.

Figure 13, barril à mettre du vinaigre.

Figure 14, *Tinette* à mettre le beurre fondu, ou de la viande ſalée.

Figure 15, petit Cuvier à laver le linge: on en fait de bien plus grands pour le même uſage.

Fig. 16, *Baratte*; vaiſſeau ſervant à battre le beurre. Il eſt plus étroit par le haut que par le bas, & formé de pluſieurs douves retenues par des cercles de fer.

Figure 17, *Entonnoir*; vaiſſeau qui ſert à entonner les liqueurs dans les futailles, ou à les verſer dans les bouteilles: il y a une autre eſpece d'entonnoir qui ſert à remplir les futailles où il y a du vin, ſans le troubler. Cet entonnoir a la douille ou le tuyau fort long; & ce tuyau eſt percé de pluſieurs trous, pour que le vin qu'on ajoute ſe mêle avec celui qui eſt dans le tonneau, ſans produire une agitation qui pourroit le troubler.

Figure 18, Cuve ordinaire retenue avec ſes cercles: on s'en ſert ordinairement pour dépoſer le raiſin dans le temps des vendanges; & c'eſt-là où le vin ſe fait.

Figure 19, *Cuve en tinette*, dont le haut a moins de diametre que la baſe.

La *Figure* 20 fait voir la rainure ou jable dans lequel entrent les planches qui forment le fond d'une cuve: on voit encore ici l'épaiſſeur de la planche lorſqu'elle eſt coupée.

Figure 21, *Baignoire*; vaiſſeau ou cuve dans laquelle on prend le bain.

Figures 22 & 23, *Cuve quarrée* retenue en pluſieurs points avec des traverſes & des mortaiſes. On donne encore à ces cuves une forme circulaire, & on les retient avec de pareilles traverſes emmortaiſées; mais alors les traverſes ſont intérieurement ceintrées.

Figure 24, Pipe à eau-de-vie; eſpece de tonneau qui contient juſqu'à 500 & 600 pintes plus ou moins: les pieces à peu-près de même grandeur & de même forme ſe nomment *Tonnes*, quand elles ſont deſtinées à renfermer de l'huile.

Figure 25 & 26, petits barrils de différentes figures: on emploie les uns à contenir des olives, (*fig.* 26); & les plus petits, (*fig.* 25), à renfermer de la moutarde.

Figure 27, Bouée dont on fait uſage dans les Ports, pour reconnoître en mer l'endroit où a été jettée l'ancre d'un vaiſſeau.

Figure 28, autre eſpece de bouée dont on faiſoit uſage en Angleterre, & dont depuis on a reconnu le défaut.

PLANCHE IV.

Figures 1 & 2, cercles de fer dont les Tonneliers se servent pour retenir une futaille, lorsque plusieurs cercles viennent à manquer, & pour l'assurer dans le transport d'une place à une autre : ce cercle est composé de plusieurs parties.

Figure 3 ; *b*, *c*, portions d'un cercle de fer pour entourer une futaille ; *a*, *a*, pieces servant à resserrer les portions de cercle à l'aide d'un écrou.

Figures 4 & 5, clefs dont on se sert pour serrer l'écrou qui rassemble les différentes portions du cercle de fer dont nous venons de parler.

Figure 6, *Mandrins* qui servent à faire des bondons : on voit en dessous les pointes *a*, *a*, qui servent à retenir la piece de bois dont on veut faire un bondon.

Figure 7 ; *a*, *b*, *b*, piece de bois dont on se sert pour tailler les bondons, & dans laquelle on fait entrer à force les pointes du mandrin.

Figure 8, pompe ou siphon pour soutirer ou transvaser le vin ; elle est ordinairement faite de fer-blanc.

Figure 9, copeau : on fait ordinairement les copeaux de bois de hêtre ; on en met dans un tonneau pour donner du corps & de la couleur à des vins foibles ; on s'en sert aussi pour éclaircir le vin. On appelle *Vin rapé*, celui qui a passé sur les copeaux.

Figure 10, rouelle de cercle, ou pile formée de plusieurs rouelles : c'est ainsi que se vendent les cercles dans la forêt d'Orléans & ailleurs. Il doit y avoir six cercles en hauteur & quatre d'épaisseur.

Figure 11, osier fendu en trois, & arrangé en motte ou botte composée de 150 brins avec trois liens ; les brins de cette botte sont réunis à leurs extrémités, & tortillés ensemble.

Figure 12, moufles qu'emploient les Tonneliers pour descendre ou monter une tonne d'huile ou une pipe d'eau-de-vie, dans les caves qui sont fermées par des trapes.

Figure 13, maniere dont un cable doit être roulé, pour qu'il ne se mêle point, & qu'il tienne moins de place.

Figure 14, crochet que l'on attache au plancher, pour supporter la tonne & la moufle.

Figure 15, quand on n'emploie qu'une poulie pour descendre une grosse piece, on dispose un cable avec un nœud coulant & deux crochets, comme on le voit représenté ici.

La *Figure* 16 représente le crochet qui doit être employé pour cette seconde manœuvre.

Figure 17, grand poulain servant à descendre ou à monter des tonnes d'huile, ou les pipes d'eau-de-vie, & que l'on met en travers de l'ouverture de l'escalier d'une cave, lorsqu'on fait descendre les pieces par les degrés de l'escalier, avec des cables que l'on retient par le moyen du poulain, qui est formé de deux grosses, fortes & longues pieces de bois, de 10 à 12 pieds de longueur, rondes & jointes ensemble par plusieurs traverses vers le haut & vers le bas.

Figure 18, petit poulain ou traîneau fait de deux pieces de bois équarries de 4 pieds de longueur, & dont les extrémités sont un peu relevées, afin qu'il puisse couler plus aisément sur les marches d'un escalier de cave; ces deux pieces sont retenues l'une à l'autre par deux traverses à chaque bout: c'est sur ce poulain que l'on attache la piece que l'on veut descendre ou voiturer à une petite distance.

Figure 19, treuil composé de deux pieces de bois équarries: dans l'une des deux pieces on fait entrer l'extrémité d'un moulinet; l'autre bout entre dans une coche pratiquée sur la seconde piece: on se sert ou du petit poulain ou d'une simple corde, pour descendre ou monter une piece d'eau-de-vie ou d'huile, en lâchant ou tournant le treuil sur lequel se roule ou se déroule la corde qui tient à la piece.

La *Figure* 20 représente le moulinet.

Figure 21, les montants du treuil ou moulinet.

Figure 22, jauge sur laquelle les Tonneliers construisent leurs tonneaux, & au moyen de laquelle ils leur donnent les dimensions convenables.

Figure 23, fossets avec lesquels on bouche l'ouverture faite à une piece, soit pour goûter la liqueur, soit pour donner de l'air au tonneau; ou pour remplacer la liqueur qu'on en tire, & faciliter son écoulement.

Figure 24, une des chevilles qui servent à retenir les barres du fond d'une futaille.

PLANCHE V.

Au haut de la Planche.

Figure 1, Ouvrier qui prépare le merrain avec la cochoire, sur le charpi ou tronchet.

Figure 2, Tonnelier qui dole le merrain sur le charpi avec une doloire.

Figure 3, maniere de tailler le merrain sur la selle: l'Ouvrier est assis jambe deçà & jambe delà sur le banc de la selle, & taille avec une plane une douve assujettie sur une traverse qui serre la pince de la selle à tailler.

Figure 4, Ouvrier qui passe une douve sur la colombe, & qui forme sur son épaisseur le *Chanfrein* ou *Clain*.

La *Figure* 5 fait voir les douves préparées pour faire le fond d'une futaille, & sur lesquelles l'Ouvrier trace le fond avec le compas.

Figure 6, Ouvrier qui scie l'une après l'autre chaque douve du fond, suivant le trait qu'il a tracé.

Figure

Figure 7, Ouvrier qui monte, ou bâtit un tonneau, & qui en arrange les douves autour du cercle auquel il a donné les dimensions convenables.

Figure 8, Quand le tonneau est retenu par un de ses bouts, avec un ou deux cercles, chaque douve tend par l'extrémité opposée à s'écarter les unes des autres: pour les resserrer, le Tonnelier se sert du bâtissoir, ou bien il les retient dans cette position avec un cercle pareil au premier qu'il a déja employés.

Figure 9, Le fût étant posé dans la selle à rogner, l'Ouvrier forme le jable en promenant la jabloire dans le pourtour intérieur du tonneau.

Bas de la Planche.

Figure 10, *a*, Merrain tel que le Tonnelier l'achete des Marchands de bois: *b*, douve arrondie pour former la surface extérieure d'un tonneau: *d*, douve taillée, de façon que le tonneau puisse avoir sa partie moyenne plus renflée que ses deux extrémités: il faut que chaque douve soit diminuée de largeur vers ses extrémités; ainsi sur la largeur de chaque douve, la partie la plus large doit être en *c*, & la plus étroite en *e* & en *c*.

La *Figure* 11 fait voir les douves placées comme le Tonnelier les met ordinairement quand il bâtit un tonneau, lorsqu'il n'a rien pour les pouvoir accotter: on voit ces douves soutenues par une seule *a*, placée dans un sens opposé à celles-ci: un cercle garni d'un tire-fond, doit servir à leur donner la forme & la grandeur requise.

Figure 12, Douves retenues d'un bout par un ou deux cercles, & qui tendent par l'autre bout à s'éloigner les unes des autres.

Figure 13, Bâtissoir dont on se sert pour rapprocher les unes des autres l'extrémité des douves qui tendent à se séparer.

Figure 14, Tonneau bâti, & retenu par ses premiers cercles.

Figure 15, Fond composé d'une maîtresse piece, de deux aisselieres, de deux chanteaux, & barré avec trois chevilles à chaque bout.

Figure 16, Fond barré & soutenu par cinq chevilles à chaque bout.

Figure 17, Autre fond dont la barre est garnie d'un plus grand nombre de chevilles: on le pratique ainsi en Bourgogne.

Figure 18, Chevilles pour tenir la barre d'un fond de tonne.

La *Figure* 19 fait voir la forme d'une barre; *a*, est la planche ou barre; *b*, la même barre dont les deux extrémités sont diminuées d'épaisseur & taillées en bizeau.

Figure 20, Tonneau retenu par quatre cercles, & garni de ses fonds barrés.

Figure 21, Fond d'une futaille composé de deux maîtresses pieces *a,a,* deux aisselieres *b, b*, & deux chanteaux *c, c.*

Figure 22, Autre fond composé seulement de deux maîtresses pieces *a, a,* & deux chanteaux *b, b.*

Figure 23, Autre fond composé d'une maîtresse piece *a*, de deux aisselieres *b, b,* & deux chanteaux *c, c* : cette construction est celle que l'on pratique le plus ordinairement.

Figure 24, Partie des douves qui forment un fût, vues sur leurs épaisseurs, pour faire comprendre que la surface intérieure de ces douves doit être moins large que l'extérieure, & que le chanfrein formé sur l'épaisseur de chaque douve, doit être suivant un rayon qui part de la circonférence extérieure du tonneau, & vient aboutir au centre.

Figure 25, Cette figure fait voir l'espace *b b*, que le Tonnelier doit laisser extérieurement à chaque douve, pour qu'elles puissent se resserrer lorsqu'elles sont réunies par les cercles : on nomme cet espace *la Serre.*

PLANCHE VI.

Au haut de la Planche.

La *Figure* 1 fait voir comment le Tonnelier place les douves qui composent le fond d'une futaille.

Figure 2, Ouvrier qui prend plusieurs cercles pour les approcher de celui qui est occupé à relier une futaille.

Figure 3, Ouvrier qui forme sur le cercle la *Coche* qui doit être entourée d'osier pour retenir le cercle à la distance convenable, pour la place de la futaille, sur laquelle il doit être posé.

Figure 4, Ouvrier qui se sert de la *tire à cercles* ou *tiretoir*, pour placer les derniers cercles.

La *Figure* 5 représente un Tonnelier qui enfonce les cercles d'une futaille, à l'aide d'un coin de bois, sur lequel il frappe à grands coups de maillet : ce coin de bois se nomme *Chassoir.*

Figure 6, Ouvrier qui forme avec une tarriere les trous dans lesquels doivent entrer les chevilles qui retiendront la barre du fond d'une futaille.

Figure 7, Ouvrier qui fait l'ouverture du bondon avec la tarriere appellée *Bondonniere.*

La *Figure* 8 fait voir de quelle maniere on descend ou on remonte un tonneau à l'aide de deux moufles.

Figure 9, Comment on descend des futailles, par l'escalier d'une cave, avec le secours d'un cable.

Figure 10, Treuil placé à l'ouverture de la descente d'une cave.

Au bas de la Planche.

Figure 11, *Patron*, *modele*, ou, en termes d'Ouvrier, *crochet* qui sert à tailler les douves, & à leur donner la courbe qu'exige telle futaille ou autre vaisseau qu'un Tonnelier se propose de faire. Quand le patron est destiné à servir de modele aux douves d'une baignoire, il porte deux courbes différentes.

Figure 12, *Crochet* à une seule courbe.

Figure 13, Moyen pour tracer la courbe & le crochet qui doit servir à former l'angle des douves, & aussi le chanfrein qui doit se trouver sur leurs épaisseurs.

Figure 14, Planches du fond d'une futaille dressées, & prêtes à recevoir la trace du compas.

Figure 15, Les mêmes planches arrangées, & sur lesquelles le compas trace la ligne selon laquelle on doit les couper.

Figure 16, Fond coupé & prêt à être mis en place.

Figure 17; *a*, un cercle; *b*, le même cercle disposé de mesure, & prêt à être *coché*.

Figure 18, Cercle *coché* ou entaillé.

Figure 19, Cercle coché & lié avec de l'osier à trois endroits.

Figure 20, Futaille reliée *en plein*.

Figure 21, Futaille reliée, tant *plein* que *vuide*.

Figure 22, Cercle double que l'on appelle *Sommier* : il est composé de deux cercles liés séparément, & ensuite réunis avec de l'osier.

Figure 23, Cercle dont une des extrémités est entaillée sur un sens, & l'autre extrémité sur un autre sens : ces deux entailles entrées l'une dans l'autre forment, sans autre attache, le lien d'un cercle.

Figure 24, Cercle simplement noué, & qui fait une espece de nœud : le frottement & la pression l'empêchent de se dénouer, quand il est en place sur une futaille.

Figure 25, Rouane : les deux parties *c*, *b* de cet outil sont tranchantes, coupent le bois, & servent à former différentes figures : chaque Maître Tonnelier a sa marque particuliére qu'il trace, avec cet outil, sur toutes les futailles qu'il fait.

Figure 26, Pince pour tirer les fossets.

Figure 27, fendoir : c'est une petite piece de bois dur, disposée de façon à pouvoir fendre l'osier en trois.

Figure 28, grand Cuvier. } *Voyez le haut de la Planche.*
Figure 29, Baignoire.

EXPLICATION

Des Termes propres à l'Art du Tonnelier.

A.

AISSELIERE. On donne ce nom à deux pieces qui font partie du fond d'une futaille: ces deux pieces avoisinent la maîtresse piece. *Voyez Pl. V, fig.* 21, *& l'explication de cette figure.*

AMARRER. Terme de Marine qui signifie attacher & retenir un Vaisseau par une ancre & avec un ou plusieurs cables ou cordages.

ARTISONNÉ. Voyez *Bois*.

ASSAU. Voyez *Assette*.

ASSE. Voyez *Assette*.

ASSETTE, ou HACHETTE; petite hache dont la tête est plate d'un côté, & de l'autre la lame est large, tranchante & contournée. *Voyez Pl. I, fig.* 10 *&* 11. On dit aussi *Essette* ou *Assau*.

ATTELIER. Lieu où plusieurs Ouvriers travaillent ensemble.

AUBIER. Voyez *Aubour*.

AUBOUR, ou AUBIER. C'est du bois imparfait qui se trouve dans le corps d'un chêne ou de tout autre arbre, entre l'écorce & le bois de bonne qualité, & qui ne doit point être employée pour faire des douves. Voyez ce que nous en avons dit au Chapitre du Merrain.

B.

BACQUET. Vaisseau dont les bords sont peu élevés, & dont l'ouverture est large: on peut faire deux bacquets d'une futaille coupée en deux.

BAIGNOIRE. Vaisseau ovale dont on se sert ordinairement pour prendre les bains. *Voyez Pl. III, fig.* 19.

BAILLE. Nom que les Marins donnent à ce que nous appellons bacquet ou cuvier.

BARATTE. Vaisseau propre à battre le beurre. *Voyez Pl. III, fig.* 26.

BARRE. Piece de bois placée en travers sur les douves qui forment le fond d'une futaille. *Voyez Pl. V, fig.* 19.

BARRER. Poser la barre du fond d'une futaille, & faire les trous dans lesquels doivent entrer les chevilles qui doivent la soutenir. *Voyez Pl. V, fig.* 18, *& Pl. VI, fig.* 6.

BARRIL. Petit vaisseau en forme de tonneau, propre à mettre du vinaigre, ou du verjus, ou des olives, &c. *Voy. Pl. III, fig.* 24.

BARRILLET diminutif du Barril.

BARRIQUE. La barrique contient plus ou moins, suivant les Pays.

BARROIR, ou VRILLE A BARRER; espece de tarriere avec laquelle on fait les trous qui doivent recevoir les chevilles qui soutiennent la barre du fond. *Voyez Pl. II, fig.* 16.

BATIR, ou monter un tonneau, c'est arranger les douves, les préparer, & les disposer de façon qu'étant réunies par des cercles, elles forment le tonneau, ou d'autres vaisseaux qui dépendent de l'art du Tonnelier. *Voyez Pl. V, fig.* 7.

BATISSOIR. Ustensile qui sert à réunir les douves d'un tonneau ou d'une petite cuve. *Voyez Pl. I, fig.* 15 *&* 16.

BATOURNER. Retourner toutes les douves dont on veut former une futaille, pour s'assurer si elles ne sont pas plus larges à l'une de leurs extrémités qu'à l'autre.

BIDON; espece de broc servant à distribuer la ration de vin aux équipages des Vaisseaux.

BISEAU. On dit qu'une piece de bois est taillée en biseau, quand un de ses bords forme un coin: quand le biseau est fait des deux côtés sur la même extrémité du bois, on dit qu'elle est taillée à deux biseaux.

BOIS DE FENTE. Bois fendu avec le coutre.

BOIS REFENDU. Bois partagé avec la scie.

BOIS GRAS. On donne ce nom à un bois en retour. Voyez au Chapitre I. du Merrain.

BOIS BLANC. On appelle ainsi certains bois légers & peu solides, comme le Saule, le Peuplier, le Tremble, le Bouleau, &c.

BOIS ROUGES. Bois sur lesquels on apperçoit des veines différemment colorées, & qui indiquent un dépérissement de qualité.

BOIS VERGÉS, ou VERGETTÉS: ce bois est comme marbré de veines blanches & rouges.

BOIS D'ENFONÇURE. Ce sont les bois dont on se sert pour former les fonds des futailles.

BOIS DE QUARTIER. C'est du bois qui est pris suivant la direction des fibres du bois, & dans le sens où il peut être fendu avec le coutre.

BOIS EN RETOUR: bois vieux qui a perdu de sa valeur, parce qu'il commence à se corrompre.

BOIS TAILLIS. Bois que l'on met en coupe réglée environ tous les dix ans.

BOIS ROULÉ, se dit d'un bois dont les cercles concentriques se séparent les uns des autres.

BONDON. Espece de bouchon qui sert à fermer l'ouverture faite sur le bouge d'une futaille, & par laquelle on entonne la liqueur.

BONDONNIERE. Tarriere avec laquelle on forme l'ouverture du bondon. *Voyez Pl. II, fig.* 17.

BOTTE.

BOTTE. Voyez *Muid*.

BOUÉE, terme de Marine. Espece de petit barril attaché à un cordage qui par l'autre bout est amarré à la croisée de l'ancre, flottant sur l'eau, & servant à indiquer la position d'une ancre mouillée dans un port ou dans une rade.

BOUGE : c'est la partie la plus renflée d'une futaille.

BRAI. Espece de résine dont on se sert pour calfater & enduire les Vaisseaux, & rendre certaines matieres moins sujettes à se pourrir, lorsqu'elles sont exposées dans l'eau.

BROC. Espece de vaisseau qui sert à transporter du vin ou toute autre liqueur.

C.

CALFATER : terme de Marine. C'est mettre de l'étoupe entre les joints des planches d'un Vaisseau, & les recouvrir de brai ou de goudron.

CAQUE. Petit barril qui contient le quart d'un muid, & que l'on destine particuliérement à renfermer des harengs, sardines, &c.

CERCEAU. Petit cercle que l'on emploie pour retenir les douves des quarts, barrils, &c.

CERCLE : lien de bois ou de fer, destiné à retenir les différentes planches ou douves d'une futaille, d'une cuve, &c.

CERCLE DU BOUGE : c'est celui qui est le plus près du bouge, ou partie moyenne d'une futaille.

CERCLE DU JABLE : celui qui est le plus voisin du jable.

CERCLES DE PLAIN-PIED. On nomme ainsi les cercles qui s'achetent dans les ventes de bois. *Voyez* Chapitre I.

CHANFREIN. Biseau que l'on forme en enlevant la moitié de l'épaisseur d'une piece de bois, & la taillant en espece de coin ou en pente, depuis l'endroit où on la commence jusqu'où se termine la planche sur laquelle on forme le chanfrein.

CHANTEAU : partie du fond d'une futaille ; ce sont les deux dernieres planches qui terminent le fond. *Voyez Pl. V, fig.* 21, 22 *&* 23.

CHASSER UN CERCLE : c'est le frapper jusqu'à ce qu'il soit descendu à la place qu'il doit occuper autour d'une futaille.

CHASSOIR. Piece de bois en coin, dont le Tonnelier se sert pour appuyer sur le cercle qu'il chasse, & pour ne point l'endommager par les coups de maillet.

CHEVILLE de Tonnelier ; petite piece de bois équarrie, un peu pointue, qui sert à assujettir la barre, & à retenir les pieces qui forment le fond d'une futaille. *Voyez Pl. V, fig.* 18.

CLAIN d'une douve : c'est une espece de biseau, ou chanfrein que l'on forme sur l'épaisseur de chaque douve, afin qu'après avoir été arrangées circulairement, elles puissent se joindre dans toute leur épaisseur. *Voyez Pl. V, fig.* 24.

COCHE ; entaille que l'on fait sur l'épaisseur des cercles, pour retenir l'osier avec lequel on les attache fermement.

COCHOIR : espece de hache avec laquelle le Tonnelier forme les coches sur les cercles.

COFFINER, se dit d'un assemblage de planches, dont quelques-unes renflent, augmentent, s'alongent, & quittent la forme qu'on leur avoit donnée, & qu'elles devoient avoir.

COLOMBE : rabot ou espece de varlope renversée en forme de banc, sur laquelle le Tonnelier passe de champ la douve ou planche dont il veut unir les bords. *Voyez Pl. I. fig. 6.*

COMBUGER : terme de Marine, qui signifie vuider l'eau qu'on a mis dans une futaille pour la laver, & celle qui se seroit introduite dans une bouée : on laisse à cet effet une ouverture à la bouée que l'on referme ensuite.

COMPAS du Tonnelier. *Voyez Pl. I, fig.* 21, *& Pl. II, fig.* 21.

COPEAUX ; longues lames de bois enlevées d'une piece de bois de hêtre, & dont on se sert pour purifier & pour éclaircir le vin. *Voy. Pl. IV, fig. 9.*

COUTRE : outil qui sert aux Tonneliers & aux Fendeurs de bois, pour faire des ferches, des lattes, des charniers, &c. *Voyez Pl. II, fig.* 3.

CROCHET : planche sur laquelle est tracée la courbe que doivent prendre les douves. *Voyez Pl. VI, fig.* 11. *&* 12.

CUVE. Grand vaisseau fait de plusieurs planches retenues par des cercles ou liens de bois, dans lequel on dépose la vendange, & où le vin se fait.

CUVE EN TINETTE : espece de cuve dont le haut est plus étroit que le bas. *Voyez Pl. III, fig.* 19.

CUVIER. Vaisseau qui ressemble à une cuve, mais qui est plus petit ; il sert à couler la lescive, & à plusieurs autres usages. On les fait de Sapin ou autre bois blanc, pour ne point donner de couleur à la lessive. Voy. *Bacquet*.

D.

DÉCHIRER une futaille ; c'est ôter les cercles qui retiennent les douves, & casser les douves, pour qu'elles ne puissent plus servir à former d'autres tonneaux.

DEMI-QUEUE. Voyez *Poinçon*.

DOLOIRE : outil propre à doler les douves. *Voyez Pl. I, fig.* 2.

DONNÉE, se dit, lorsque dans un Problême on pose certaines quantités, certaines dimensions, ou conditions dont il ne faut pas s'écarter.

DOUVE. Planche formée avec du merrain, & qui étant préparée & travaillée, sert à la construction des fûts, futailles, tonneaux, &c.

DOUELLE : dans quelques Provinces on appelle ainsi les douves.

DOUVE ÉPEIGNÉE, se dit d'une douve cassée dans le jable, & à laquelle on a substitué une piece de bois, pour remplacer la partie rompue.

E.

s'ECALER : on dit qu'une piece de bois s'écale, quand elle se sépare par lames.

ECHASSES ; ce sont les hausses qui font partie du billot ou du *charpi* : ces hausses sont formées par deux montants qui portent la douve que l'on veut doler. *Voyez Pl. I, fig.* 3 *&* 4.

EMMORTAISER ; c'est joindre une piece de bois avec une autre, à laquelle on a fait une mortaise, c'est-à-dire, une ouverture dans laquelle entre cette piece diminuée d'épaisseur, & retenue avec un coin qui l'y assujettit.

ENFONCER une cuve ou un tonneau, c'est y mettre des fonds.

EPEIGNÉ. On dit qu'une douve est épeignée, quand elle a été rompue dans le jable.

ESSETTE. Voyez *Assette*.

ETANCHOIR ; petit couteau dont on se sert pour garnir d'étoupes les fentes d'une futaille.

ETAU, ou SELLE A TAILLER, ou SERRE. On donne principalement ce nom à la tête de la selle à tailler, dont se sert le Tonnelier, & sous laquelle il pose la douve qu'il veut travailler, & qu'il retient en posant les jambes sur la partie inférieure de cette serre. *Voyez Pl. I. fig.* 7.

ETOUPE : celle dont les Tonneliers se servent, est ordinairement faite avec de la toile déchirée, & mise en charpie.

F.

FENDOIR ; petit outil de bois propre à fendre l'osier. *Voyez Pl. VI, fig.* 26.

FENTE. Voyez *Bois de fente*.

FEUILLET A TOURNER ; espece de scie. *Voyez Pl. II, fig.* 9.

FEUILLETTE. Voyez *Muid*.

FOND : il est composé de différentes pieces de bois qui forment les deux extrémités d'une futaille. *Voyez Pl. VI, fig.* 16.

FORET ; espece de vrille dont on se sert pour percer les tonneaux remplis de liqueur, soit pour la goûter, soit pour y donner de l'air.

FOSSETS ; petites pieces de bois arrondies en pointe, dont on se sert pour boucher l'ouverture faite à une futaille avec le foret. *Voyez Pl. IV, fig.* 23.

FUST. Vaisseau composé de plusieurs planches réunies par des cercles, destiné à contenir quelque liqueur que ce soit.

FUTAILLE, est la même chose qu'un fût : on appelle cependant *Futaille*, une piece qui a déja servi à renfermer des liquides.

G.

GARROT, se dit d'une piece de bois avec laquelle on serre & on retient la corde qui entoure les douves d'une piece remplie de liqueur, quand on a lieu de craindre que les cercles ne viennent à manquer, & que la liqueur ne se perde.

GOBILLARD. On nomme ainsi certaines planches que l'on débite dans la forêt d'Orléans, & que l'on emploie pour faire les cuves, cuviers, &c.

GOUDRON ou GAUDRON. Espece de poix dont on enduit les Bâtiments de Mer, les cordages, & en général tout ce qui doit séjourner dans l'eau.

GOUDRONNER : action d'enduire de goudron quelque chose que ce soit.

GOUJON. Voyez *Goujonner*.

GOUJONNER : c'est réunir avec des chevilles deux pieces de bois posées l'une à côté de l'autre & qui se touchent par le plan de leur épaisseur, afin de les maintenir plus solidement : on nomme ces chevilles *Goujons*.

H.

HANGARD. Espece d'appentis.

HART. Branche menue de bois qui peut se tortiller aisément, & avec laquelle on peut lier & maintenir plusieurs pieces de bois ensemble.

HAUSSES. Voyez *Echasses*.

J.

JABLE : c'est la rainure d'une futaille dans laquelle entrent & sont retenues les planches des fonds.

JABLER un tonneau : c'est former la rainure ou *jable*.

JABLOIR. Outil propre à *jabler*. Voyez *Pl. II, fig.* 2.

L.

LUMIERE : partie du rabot dans laquelle entre le fer & le coin qui l'assujettit. Voyez *Rabot, Pl. I, fig.* 5.

M.

MADRIER. Espece de soliveau, ou piece de bois équarrie, & qui a une certaine force & longueur : il faut qu'un madrier ait au moins 5 ou 6 pouces d'équarrissage, & souvent davantage.

MAILLET ; marteau de bois du Tonnelier. *Voyez Pl. I, fig.* 17.

MAILLOCHE : piece de bois qui sert à frapper sur le coutre. *Voyez Pl. II, fig.* 4.

MAITRESSE PIECE : c'est celle qui occupe la partie moyenne d'un fond. *Voyez Pl. V, fig.* 15.

MANDRINS : on nomme ainsi des pieces de bois dont la base est arrondie à la grosseur convenable pour en faire des bondons. *Voyez Pl. IV, fig.* 6.

MECHE d'une tarriere ; c'est l'extrémité du fer, & principalement la pointe qui perce & emporte le bois.

MERRAIN. Planches ordinairement fendues avec un coutre, & qui servent à former les douves des tonneaux, fûts ou futailles.

MOLE, corruption de Meule : c'est une certaine quantité de cercles que l'on arrange en meule dans les ventes de bois, & qui se livre en cet état aux Marchands.

MONTER un fût : c'est arranger les douves qui doivent le former; on les retient avec des cercles.

MOUFLE : assemblage de plusieurs poulies qui peuvent se mouvoir dans une piece de bois, & qui servent à multiplier les forces. *Voyez Pl. IV, fig.* 12.

MOULINET : ustensile de Tonnelier, destiné à monter ou descendre les grosses pieces, ou les pipes d'huile ou d'eau-de-vie, des caves des Epiciers. *Voyez Pl. IV, fig.* 19.

MUID : mesure du vin en usage dans plusieurs Provinces. Le muid de vin de Paris contient 280 pintes suivant un Réglement de Louis XIII, & 300 pintes suivant les Ordonnances de Henri IV. La jauge de tous les vaisseaux propres à contenir des liquides, se rapporte au muid, qui doit contenir 36 setiers de 8 pintes par setier : en Champagne, le muid se nomme *Queue ;* en Bourgogne, *Feuillette ;* en Touraine, *Poinçon ;* en Berry, *Tonneau ;* en Poitou & en Anjou, *Pipe ;* en Lyonnois, *Botte ;* à Bordeaux, *Barrique*, dont quatre forment un tonneau.

P.

PANNEAU : c'est une planche taillée sur laquelle est tracée & formée la figure que doit donner un Tailleur de pierre à une pierre qu'il doit tailler, ou pour régler les plinthes & corniches qu'un Maçon doit pousser en plâtre. Les Tonneliers ont aussi des panneaux ou modeles pour régler la taille de leurs douves : on les nomme aussi *Serches*, *Modeles*, *Patrons* ou *Crochets*.

PARAGE : faire le parage, c'est, en terme de Tonnelier, égaliser les douves, leur donner une même longueur, pour pouvoir ensuite y tracer & former le jable.

PAS D'ASSE ; c'est le chanfrein intérieur que l'on voit sur l'épaisseur des douves qui forment une futaille ou tonneau, dans la partie du jable.

PENTE : c'est le biseau, le chanfrein, le clain que l'on donne à toutes les douves, afin qu'elles puissent se rapprocher les unes des autres, se réunir, & prendre la forme que doit avoir un tonneau, sans laisser le moindre espace par où la liqueur puisse se perdre.

PERÇOIR. Espece de vilebrequin avec lequel on perce les futailles & tonneaux, pour y mettre une canelle.

PIECE : tout vaisseau propre à contenir des liqueurs : souvent la piece est une mesure.

PIPE. La pipe est une mesure des liquides : elle est plus ou moins grande suivant les pays. Ce nom est connu particuliérement en Anjou & dans le Poitou, où la pipe contient un muid & demi.

PLAINE. Voyez *Plane*.

PLAIN-PIED. Voyez *Cercles*.

PLANE. Outil dont se servent plusieurs Ouvriers pour planer, c'est-à-dire, unir le bois qu'ils emploient. *Voyez Pl. I, fig.* 12 & 13.

POINÇON : mesure du vin en usage dans plusieurs Provinces. Le poinçon est la moitié d'un tonneau d'Orléans ou d'Anjou. En Touraine, on appelle ainsi le muid de vin ; à Paris, c'est la même chose que la demi-queue : on donne quelquefois ce nom à toute espece de futaille.

POLYGONE. Terme de Géométrie qui s'entend d'une figure qui a plusieurs angles.

POMPE : ustensile dont se servent les Tonneliers & les Cabaretiers pour tirer le vin, & le transvaser d'un vaisseau dans un autre. *Voyez Pl. IV, fig.* 8.

POULAIN. Machine dont se servent les Tonneliers pour descendre dans une cave, ou remonter de grosses pieces d'huile ou d'eau-de-vie. *Voyez Pl. IV, fig.* 17 & 18.

Q.

QUEUE. Voyez *Muid*.

R.

RABOT. Outil propre à unir le bois, à le raboter. *Voyez Pl. I, fig.* 5.

RABOTER : unir avec le rabot.

RAINURE. Espece de coulisse creusée dans l'épaisseur du bois, pour recevoir d'autres pieces de bois, auxquelles on ne laisse que l'épaisseur de la coulisse, pour en former un assemblage.

RANGÉE : on nomme ainsi dans les ventes de bois une certaine quantité de cercles, composée de plusieurs *rouelles*.

RAPÉ de copeaux. Voyez *Copeaux*.

REBATTRE ; c'est frapper sur les cercles, pour les faire entrer & se placer au point où il convient qu'ils soient pour contenir les douves d'une futaille.

REFENDU. Voyez *Bois*.

RELIAGE. Voyez *Relier*.

RELIER ; c'est mettre des cercles pour retenir les douves d'une futaille neuve, ou en remettre de neufs à une vieille futaille dont les anciens auroient manqué.

RELIER EN PLEIN : c'est garnir les deux extrémités du tonneau, de façon que tous les cercles se touchent.

ROUANNE. Outil avec lequel un Maître marque les futailles, ou autres ouvrages de Tonnellerie de sa façon.

ROUANNER ; marquer les tonneaux avec la rouanne, ce qui sert à reconnoître l'ouvrage d'un Maître.

ROUELLE : certain nombre de rangées de cercles forment une rouelle ; on les vend en cet état dans les forêts.

ROULÉ. Voyez *Bois*.

S.

SAUNIERE. Vaisseau dans lequel on dépose le sel pour l'usage ordinaire d'une famille.

SEILLE. Vaisseau propre à contenir des liquides : les seilles servent ordinairement aux Vendangeurs, pour y déposer les grappes de raisin, à mesure qu'ils les coupent du cep.

Selle a tailler : ustensile qui sert aux Tonneliers à retenir la planche qu'ils veulent tailler. *Voyez Pl. I, fig.* 7.

Selle a rogner. Ustensile servant à tenir en état une piece dont le Tonnelier veut rogner les bords. *Voyez Pl. I, fig.* 2.

Serche : les ouvrages de serche sont ceux que l'on fait avec du bois réduit en lames minces, & que l'on peut rouler sans casser.

Serche. Voyez *Patron.*

Sergent. Instrument de fer qui sert aux Menuisiers & aux Tonneliers, pour tenir fermement ensemble plusieurs planches qu'on veut assembler. *Voyez Pl. I, fig.* 20.

Serre ; c'est la partie de la selle à tailler qui retient la douve que le Tonnelier travaille.

Setier. Mesure d'un liquide ; il est différent suivant les lieux : c'est ordinairement la moitié de la pinte, & la même chose que la chopine.

Sommager : placer sur une futaille les cercles qu'on nomme *Sommiers.*

Sommiers : ce sont deux cercles dont chacun a été lié séparément, & ensuite liés & retenus tous les deux ensemble.

T

Tailler en roue : c'est rendre convexe la surface supérieure d'une douve, ou la bomber sur sa longueur, pour qu'elle prenne & donne à une futaille une forme cylindrique.

Talut, *Pente, Biseau, Chanfrein :* ce sont différents noms qu'on a donnés à la partie d'une douve qui a été diminuée d'épaisseur, & qui a pris la forme d'un coin.

Tinette : c'est un vaisseau plus étroit par le bas que par le haut, & qui sert à renfermer du beurre salé.

Tire ou Tiretoir. Outil dont on se sert pour placer les cercles sur les tonneaux. *Voy. Pl. II. fig.* 12.

Tire a barre. Outil servant à placer la barre qui soutient les fonds des futailles.

Tire-fond. Espece de piton qui porte à son extrémité quelques pas de vis : on l'emploie pour placer les planches du fond d'une futaille.

Tiretoir. Voyez *Tire.*

Tonne ; grand vaisseau servant à contenir des liqueurs. En Allemagne, on fabrique des tonnes qui contiennent jusqu'à 200 muids : on les nomme *Foudres.*

Tonneau. Futaille dans laquelle on renferme les liquides. Le tonneau d'Orléans contient deux muids de Paris ; celui de Bordeaux, quatre barriques qui font trois muids de Paris. Le tonneau de mer est estimé peser trois muids de Paris, ou deux milliers.

Tonneau monté. On dit qu'un tonneau est monté, lorsque toutes les douves sont réunies & maintenues par quelques cercles.

Tonneliers-Ferreurs : ce sont ceux qui s'occupent à construire des ustensiles de Tonnellerie que l'on fortifie par des liens de tôle ou de cuivre.

Tonnellerie. Lieu où l'on travaille du métier de Tonnelier.

Torches ou Bottes. L'osier se vend en bottes ou *torches* composées de 150 brins.

Traitoir. Voyez *Tiretoir* ou *Tire* pour les cercles.

Traversin. Piece de bois coupée de longueur, & que l'on emploie pour former les fonds des futailles.

Tronchet, *Charpi, Billot* : c'est l'ustensile sur lequel le Tonnelier pose la douve qu'il veut travailler.

Trop de fond. Quand les planches du fond se gonflent, augmentent en dimension par excès d'humidité, on dit que le tonneau a trop de fond.

Trusquin ; outil servant à marquer sur le bois que l'on travaille, des traits pour régler son épaisseur, &c.

V.

Vergé & Vergetté. Voyez *Bois.*

Velte : mesure d'un liquide. La velte contient trois pots, & le pot deux pintes : les barriques d'eau-de-vie du Poitou contiennent soixante ou soixante-dix veltes.

Ventre d'un tonneau ; c'est la partie la plus renflée de la futaille, ou le bouge.

Vrille. Outil servant à percer.

Vrille a barrer. Voyez *Barroir.*

Utinet. Petit maillet à long manche, qui sert pour frapper sur les planches du fond d'une futaille, & à faire revenir celles qui sont entrées trop avant, & qui sont hors du jable. *Voyez Pl. II, fig.* 13 & 14.

FIN DE L'ART DU TONNELIER.

De l'Imprimerie de H. L. Guerin & L. F. Delatour. 1763.

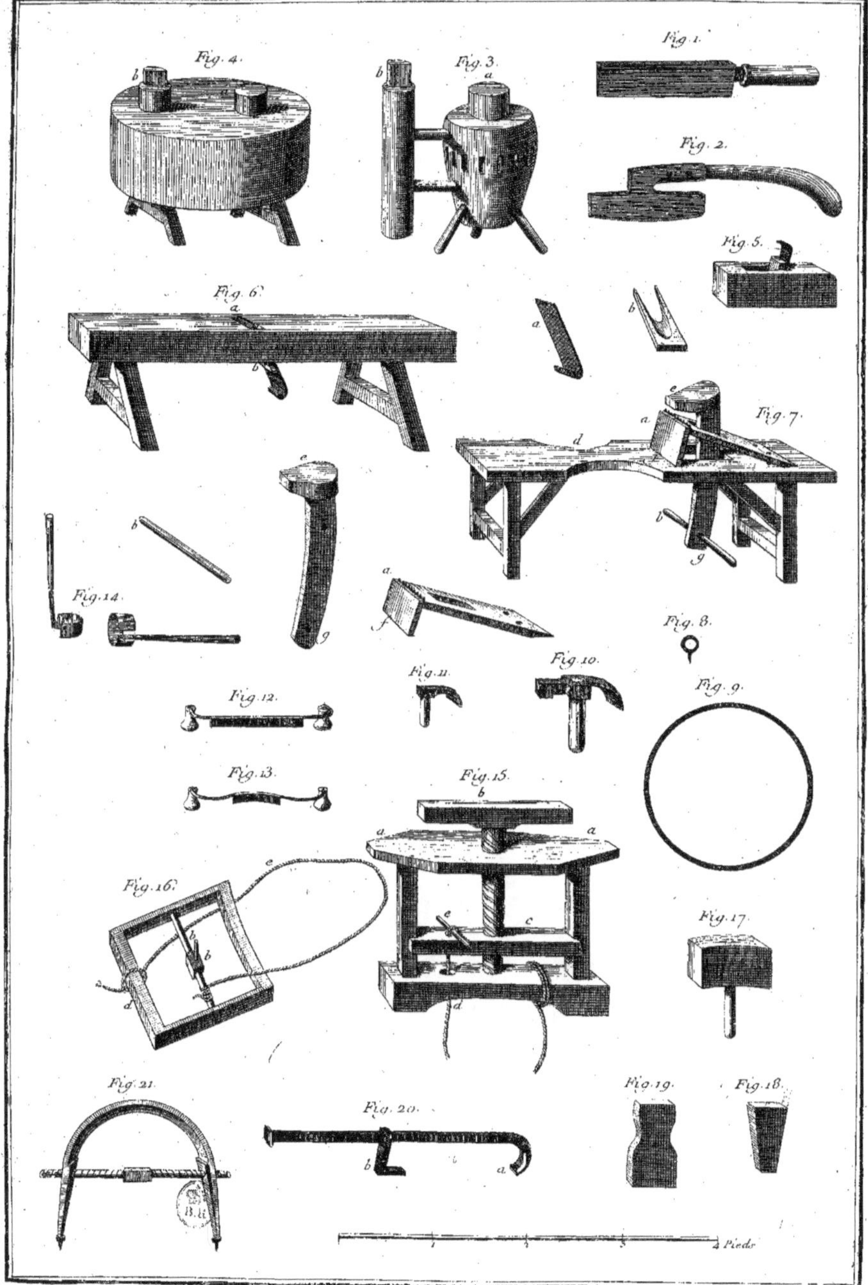
Fig. 1.
Fig. 2.
Fig. 3.
Fig. 4.
Fig. 5.
Fig. 6.
Fig. 7.
Fig. 8.
Fig. 9.
Fig. 10.
Fig. 11.
Fig. 12.
Fig. 13.
Fig. 14.
Fig. 15.
Fig. 16.
Fig. 17.
Fig. 18.
Fig. 19.
Fig. 20.
Fig. 21.
4 Pieds

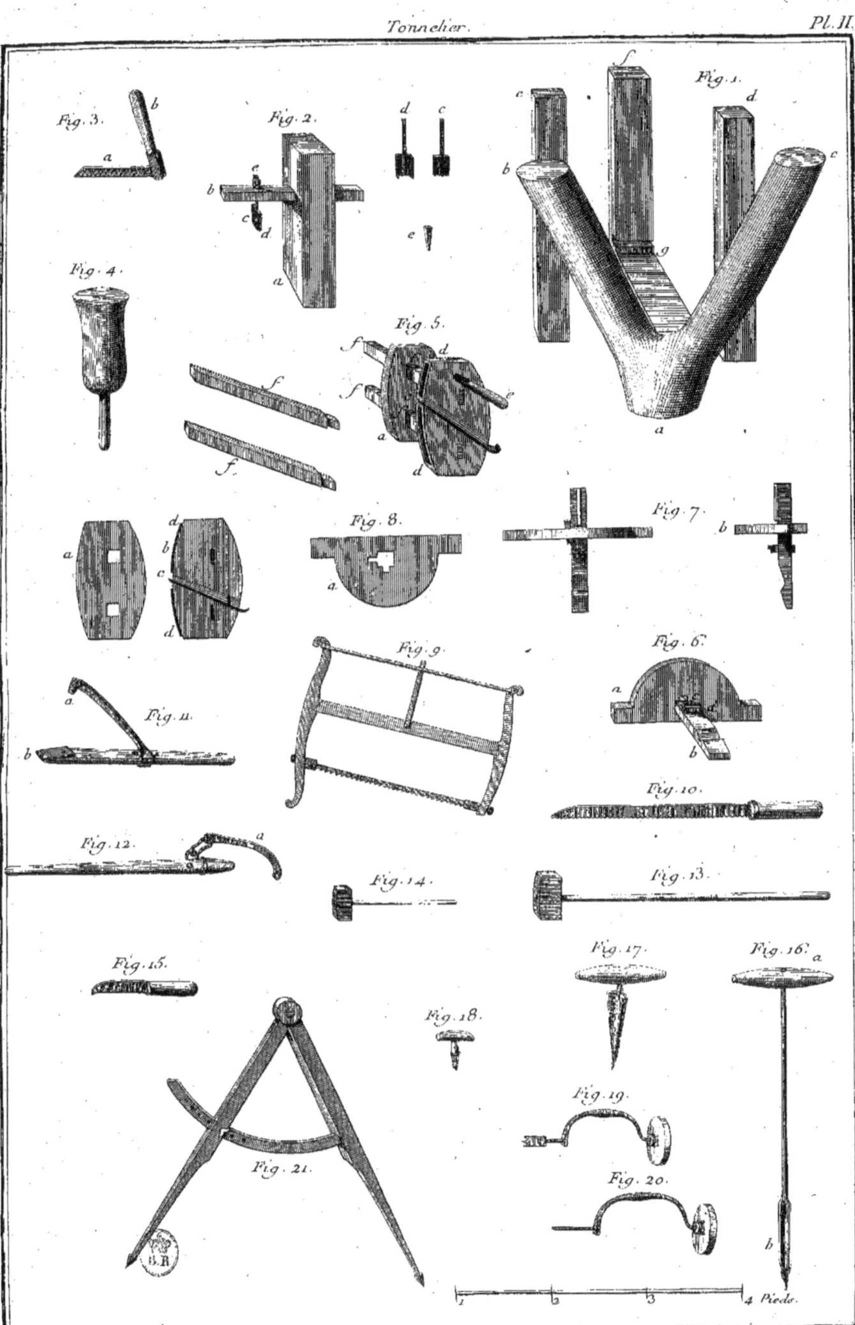
Fig. 1.
Fig. 2.
Fig. 3.
Fig. 4.
Fig. 5.
Fig. 6.
Fig. 7.
Fig. 8.
Fig. 9.
Fig. 10.
Fig. 11.
Fig. 12.
Fig. 13.
Fig. 14.
Fig. 15.
Fig. 16.
Fig. 17.
Fig. 18.
Fig. 19.
Fig. 20.
Fig. 21.
1 2 3 4 Pieds.

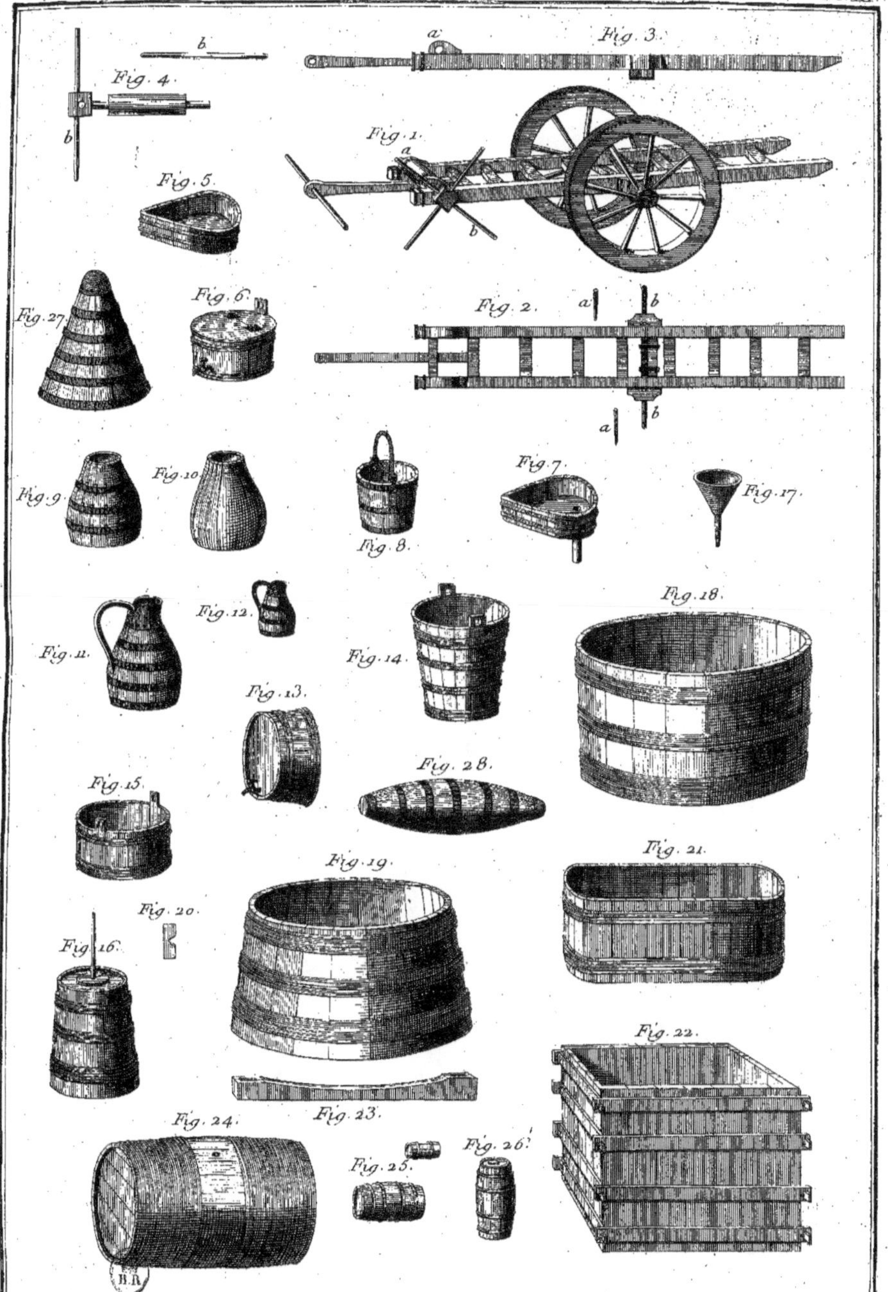

Patte del. & sculp.

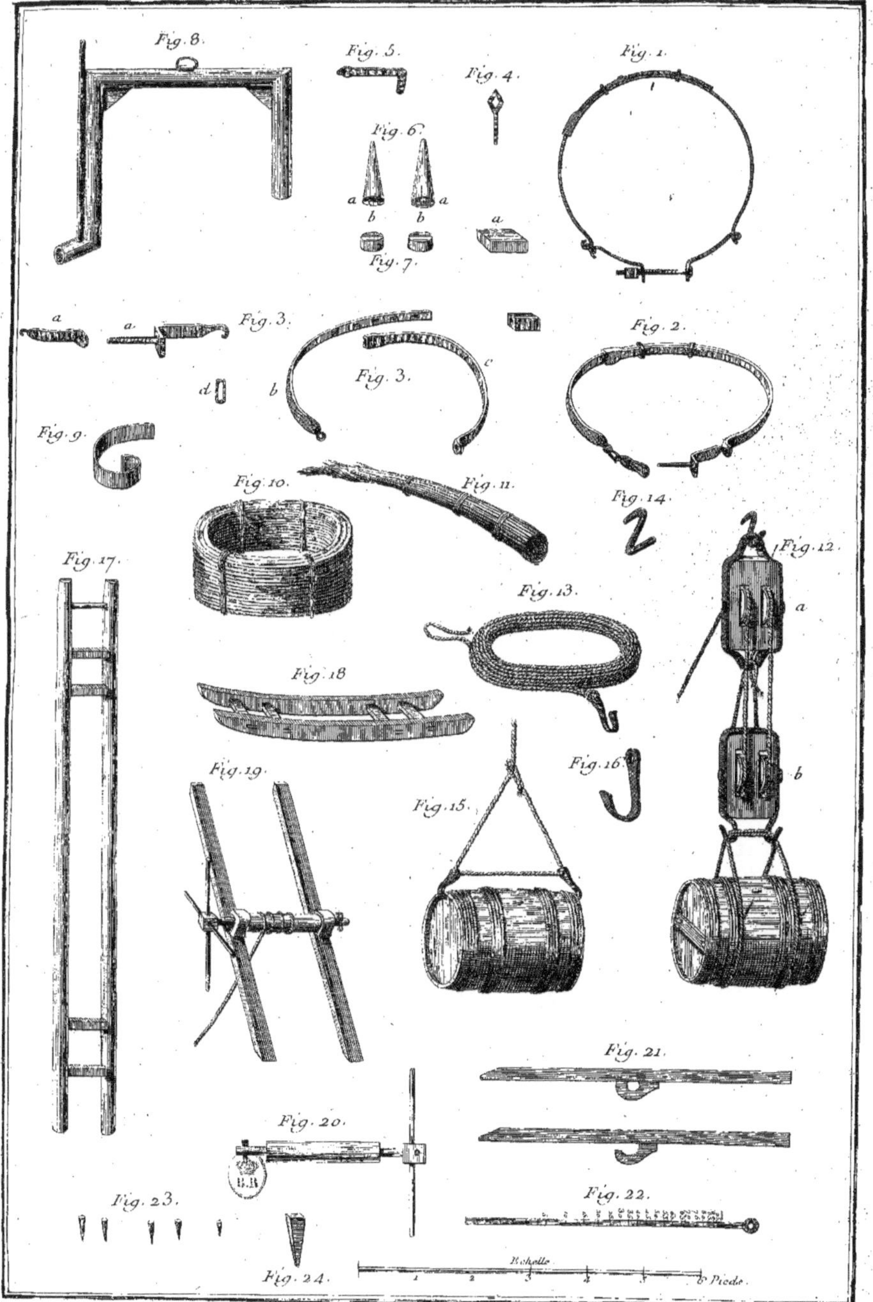
Fig. 8.
Fig. 5.
Fig. 4.
Fig. 1.
Fig. 6.
a
b
Fig. 7.
Fig. 3.
Fig. 2.
c
d
Fig. 9.
Fig. 10.
Fig. 11.
Fig. 14.
Fig. 12.
Fig. 17.
Fig. 13.
Fig. 18
Fig. 19.
Fig. 16.
Fig. 15.
Fig. 21.
Fig. 20.
Fig. 22.
Fig. 23.
Fig. 24.
Echelle
1 2 3 4 5 6 Pieds.

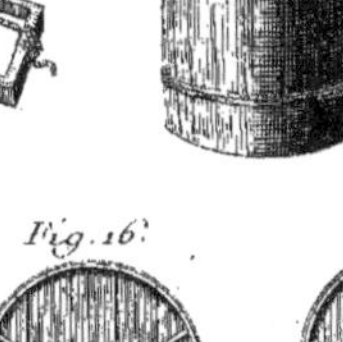

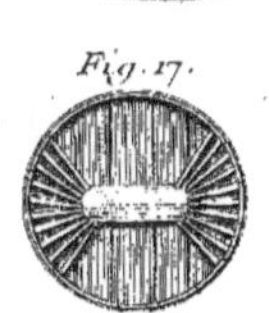

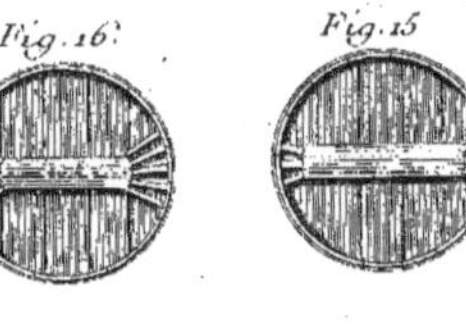

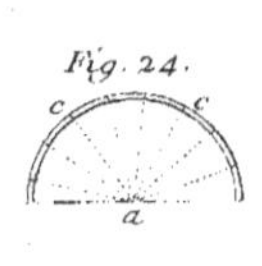

Patte del. & Sculp.

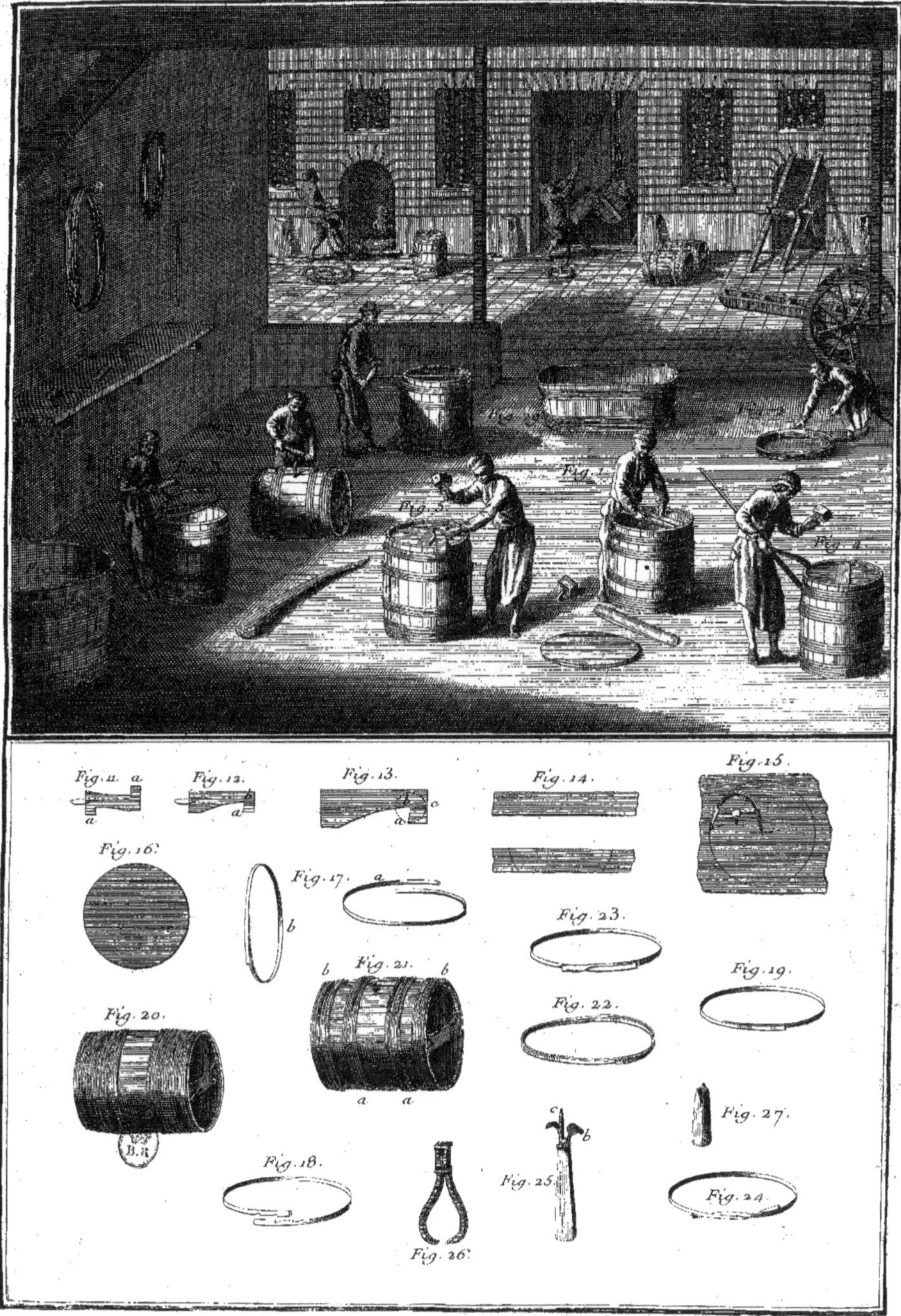

Pallé del. et Sculp.

www.ingramcontent.com/pod-product-compliance
Lightning Source LLC
LaVergne TN
LVHW020434230826
846091LV00004B/1498

* 9 7 8 2 0 1 9 2 1 9 0 5 5 *